Reinfried Pohl

»Ich habe Finanzgeschichte geschrieben«

Ein Gespräch
mit Hugo Müller-Vogg

| Hoffmann und Campe |

4. Auflage 2006 (95.–105. Tsd.)

www.hoca.de
Verlag: Hoffmann und Campe Verlag GmbH, Hamburg
Ein Unternehmen der GANSKE VERLAGSGRUPPE
Harvestehuder Weg 42, 20149 Hamburg
Objektleitung: Alexander J. Lohmann
Chefin vom Dienst: Simone Schneider
Schlussredaktion und Register: Andreas Feßer
Umschlaggestaltung: Ralf Schneider
Herstellung: Claude Hellweg (Ltg.), Oliver Lupp
Litho: EINSATZ Creative Production GmbH & Co. KG
Foto Umschlag: Laurence Chaperon
Satz: Dörlemann Satz, Lemförde
Druck und Bindung: GGP Media GmbH, Pößneck
Printed in Germany
ISBN (10) 3-455-09567-4
ISBN (13) 978-3-455-09567-8

HOFFMANN
UND CAMPE

Ein Unternehmen der
GANSKE VERLAGSGRUPPE

Inhalt

Der Allfinanz-Pionier: Etwas besser, etwas fleißiger, etwas ideenreicher als die Konkurrenz

»Das Pferd, das den Karren zieht«, so hat der britische Premier Winston Churchill den Unternehmer beschrieben. Was vor mehr als einem halben Jahrhundert richtig war, trifft auch heute noch zu. Die Politik kann die Bedingungen für Investitionen oder für die Schaffung von Arbeitsplätzen verbessern oder verschlechtern. Doch ohne Unternehmer mit Ideen und Wagemut, also ohne Männer und Frauen, die etwas unternehmen, kann die beste Wirtschaftspolitik nichts bewegen.

Der Unternehmer als derjenige, der den Karren zieht. Die Menschen hierzulande wissen sehr wohl, dass Unternehmer und Manager viel für Arbeitsplätze und Wachstum tun. Aber sie schätzen sie nicht besonders. Als das Zweite Deutsche Fernsehen im Herbst 2003 über »Die 100 größten Deutschen« abstimmen ließ, schafften es zwar einige große Erfinder wie Robert Bosch, Konrad Zuse, Wilhelm Conrad Röntgen, Otto Lilienthal oder Carl Benz unter die ersten Hundert. Der erste Unternehmer aus der Nachkriegszeit taucht jedoch erst auf Platz 87 auf: Beate Uhse. Doch ist zu vermuten, dass diese vor wenigen Jahren verstorbene Frau nicht wegen ihrer unternehmerischen Leistung im engeren Sinne geschätzt wird, sondern eher wegen des Gegenstandes ihres Handelsimperiums: Sex- und Erotik-Artikeln. Von den lebenden Unternehmern oder Managern schnitten die Aldi-Gründer Karl und Theo Albrecht am besten ab – auf Rang 156!

Nein, Unternehmer begeistern bei uns nicht die Massen, bringen es nicht zum Heldenstatus, gelten nicht als Vorbilder. Diese Rolle fällt vielmehr denen zu, die auf dem grünen Rasen oder der roten Laufbahn Medaillen erkämpfen, die auf der Leinwand glänzen, die singen können (oder zumindest so tun), die das Volk mehr oder weniger intelligent zu unterhalten wissen. Für Unternehmer dagegen ist im Scheinwerferlicht der deutschen Spaßgesellschaft kein Platz.

Doch kann kein Zweifel daran bestehen, dass dieses Land erstklassige Unternehmer dringender braucht als erstklassige Sportler oder Entertainer. Es gibt sie auch, diese erstklassigen Macher. Und Reinfried Pohl ist einer von ihnen. Ein Mann, der eine Idee hatte, der mit 47 Jahren den Sprung in die Selbständigkeit wagte, der gemäß seinem eigenen Motto lebt: »Immer etwas besser, etwas fleißiger, etwas erfolgreicher sein als die Konkurrenten.« So hat er aus dem Stand die Deutsche Vermögensberatung AG (DVAG) aufgebaut, sie zur größten eigenständigen Finanzvertriebsgesellschaft gemacht, zu einem Unternehmen mit mehr als 33000 Mitarbeitern und mehr als vier Millionen Kunden.

Der Erfolg des »Doktors«, wie er im Unternehmen in einer Mischung aus Respekt, Zuneigung und Stolz auf den eigenen Chef genannt wird, erschöpft sich nicht in solchen beeindruckenden Zahlen. Reinfried Pohls eigentliche Leistung geht über Provisionsumsatz und Gewinn hinaus: Er hatte den Markt richtig eingeschätzt, nämlich die wachsende Nachfrage nach privater Vorsorge, er hatte die Erfolg versprechende Idee zur Markterschließung, nämlich sein Allfinanz-Konzept, und er hatte und hat die bewundernswerte Fähigkeit, mehr als 33000 Mitarbeitern das Gefühl zu geben, in einem Familienbetrieb zu arbeiten, in dem alle an einem Strang ziehen.

Im Nachhinein mag sich mancher wundern, dass Reinfried Pohl schon Mitte der siebziger Jahre überzeugt war, die Bürger müssten in zunehmendem Maße die vom Staat angebotene Absicherung gegen Krankheit, für den Todesfall und für das Alter durch private Vorsorge ergänzen. Doch wer damals sehen wollte, der konnte sehen, dass der deutsche Sozialstaat bereits kräftig über seine Verhältnisse lebte. Vor allem aber, dass der einsetzende Geburtenrückgang dem so genannten Generationenvertrag langsam, aber sicher die Grundlage entziehen würde. Der DVAG-Gründer sah es – und handelte danach.

Manche Manager bei Banken und Versicherungen dürften damals die Zukunft des staatlichen Vollkasko-Schutzes ähnlich pessimistisch beurteilt haben. Doch Reinfried Pohl ging anders als die Wettbewerber an das Problem heran – mit seinem Allfinanz-Konzept. Er wollte den Deutschen eben nicht nur Lebensversicherungen, Bausparverträge und Fondssparpläne verkaufen, er wollte zugleich den Kunden die für sie und ihre Familie maßgeschneiderte Lösung anbieten – und das aus einer Hand. So führte die Allfinanz-Idee zugleich noch zu einem neuen Beruf: dem Vermögensberater.

Das ist das ebenso Überraschende wie Beeindruckende: Die Deutsche Vermögensberatung hat keine eigenen Produkte, sondern bietet nur an, was insgesamt 20 Kooperationspartner – darunter in erster Linie die Aachen-Münchener-Versicherungsgruppe, die Deutsche Bank und die Deutsche Bausparkasse Badenia – anzubieten haben. Aber die Vermögensberater schnüren aus der eher verwirrenden Vielfalt an Angeboten ein maßgeschneidertes Vorsorge-Paket: für den jungen Familienvater ein anderes als für den saturierten Endfünfziger, dessen Kinder bereits aus dem Haus sind, für die mit knappen Mitteln haushaltende allein erziehende Mutter wiederum ein anderes als für den gut verdienenden Single.

Manche Finanzinstitute behaupten, sie böten dasselbe – »alles unter einem Dach«. Aber der Allfinanz-Pionier Pohl, um eine einprägsame Formulierung selten verlegen, kontert diesen Anspruch, seine Vermögensberater böten mehr – »alles aus einem Kopf«. Der Kunde soll eben nicht in einer Bank von Schalter zu Schalter wandern müssen. Nein, ihm wird alles von einem einzigen Berater angeboten und erklärt, in der Regel in der eigenen Wohnung und im Beisein des Partners oder der Familie.

Mit diesem Konzept hat Reinfried Pohl seit Mitte der siebziger Jahre den Markt grundlegend verändert, hat die Banken und Versicherungen zu einem harten Wettbewerb herausgefordert, hat Nachahmer auf den Plan gerufen. Aber nicht nur das: Der Begriff Allfinanz ist einer der ganz wenigen deutschen Fachausdrücke, der Eingang gefunden hat in die angelsächsische Finanzterminologie. Allfinanz ist gerade nicht die eingedeutschte Version von »Allfinance«, sondern eine deutsche, eine Pohl'sche Erfindung und ein Exportartikel obendrein.

Den Markt richtig einzuschätzen und die richtige Idee zu haben, beides sind notwendige Voraussetzungen für den unternehmerischen Erfolg. Aber kein Unternehmer, und wäre er der Größte, kann es allein schaffen. Reinfried Pohl hat erreicht, was er erreicht hat, weil er nicht nur ein innovativer Unternehmer ist, sondern zugleich ein Vorgesetzter, der seine Mitarbeiter motiviert, der den internen Wettbewerb anfacht und überdurchschnittliche Leistungen fordert, aber gleichwohl ein einfühlsamer Firmen-Patriarch geblieben ist. Wohl in keinem anderen deutschen Unternehmen werden erfolgreiche Mitarbeiter so öffentlich belobigt und belohnt wie bei der DVAG.

So ist die Deutsche Vermögensberatung nicht nur ein Familienunternehmen, weil die Familie des Gründers die Mehrheit der Aktien hält. Sie ist auch in dem Sinne ein Familienunternehmen, als der Mann an der Spitze es geschafft hat, unter den mehr als 33000 Vermögensberatern ein Gefühl der Zusammengehörigkeit zu schaffen, das in Unternehmen dieser Größenordnung selten ist.

Dies wäre vielleicht anders gekommen, wenn die DVAG es nicht lange sehr schwer gehabt hätte. Die neue Allfinanz-Vertriebsgesellschaft stieß gleich nach ihrer Gründung auf die erbitterte Konkurrenz der etablierten Versicherungsvertreter, der Bausparkassen und der Banken. So etwas schweißt zusammen, vor allem dann, wenn die Vermögensberater von den Medien als »Drückerkolonnen« angeprangert und der Verkauf von Finanzprodukten in den eigenen vier Wänden als grundsätzlich unseriös verdammt wird. Kaum hatte die DVAG es zum Marktführer gebracht, wurde sie öffentlich haftbar gemacht, sobald irgendwo ein Vertreter mit zweifelhaften Methoden eine Police verkauft hatte – ganz gleich, ob er für die Deutsche Vermögensberatung tätig war oder nicht.

Nicht nur die Angriffe von außen haben das Mannschaftsgefühl innerhalb der DVAG gefördert. Die Vermögensberater sind zudem stolz auf ihren Chef und ihr Unternehmen, weil er immer wieder mit neuen Ideen die Marktposition der DVAG gestärkt und damit ihre eigenen Verdienstmöglichkeiten erhöht hat. Die meisten seiner Vermögensberater sind keine Akademiker, unter ihnen befinden sich auch viele einfache Menschen aus bankfernen Berufen. Gerade deshalb sind sehr viele sich sehr wohl bewusst, dass sie ihre Existenz und ihren Erfolg als selbständige Berater nicht nur dem eigenen Geschick und Fleiß zu verdanken haben, sondern auch dem Talent »des Doktors«, die Entwicklungen am Markt häufig besser und schneller zu erkennen als die Wettbewerber.

Nichts hat in der jüngsten Zeit das Selbstwertgefühl der DVAG-Berater mehr gestärkt als die Kooperation mit der Deutschen Bank. Im Herbst 2001, als die Spekulationsblase am Neuen Markt geplatzt war und als die vornehmste der Großbanken mit dem Versuch, nicht so vermögende Privatkunden zur »Bank 24« abzuschieben, keinen Erfolg hatte, als also die Herren aus den Frankfurter Doppeltürmen den »normalen« Privatkunden wieder als attraktiv ansahen, da schlossen Deutsche Bank und DVAG einen Kooperationsvertrag. Seitdem bezeichnet die Großbank die Deutsche Vermögensberatung als »mobilen Vertrieb der Deutschen Bank«.

Im November 2001, als dieser Vertrag unterzeichnet worden war, da verkündete der Chef das mehr als 5000 Vermögensberatern in der Jahrhunderthalle in Frankfurt-Höchst. Und bat gleich darauf den damaligen Vorstandsvorsitzenden der Bank, Rolf Breuer, ans Mikrofon. Als der Topbanker seinen neuen Außendienst dann mit »Liebe Kolleginnen und Kollegen« ansprach, tobte die Halle vor Begeisterung. 5000 Vermögensberater bejubelten den Mann in Nadelstreifen. Nicht zuletzt bejubelten sie sich selbst: Die angeblichen »Drücker« und »Klopper« fühlten sich gleichsam in den Adelsstand erhoben, jedenfalls in der Hierarchie der Finanzdienstleister um mehrere Stufen auf einmal nach oben befördert. Sie waren stolz und dankbar, weniger gegenüber Breuer, aber umso mehr gegenüber dem Oberhaupt der DVAG-»Familie«.

Der Erfolg des Reinfried Pohl ist offenkundig, dass er sicherlich zu den wohlhabendsten unter jenen Deutschen gehört, die keine Mark und keinen Euro geerbt haben, auch. Neben den unternehmerischen Erfolgen – Veränderung des Finanzmarktes durch das Allfinanz-Konzept, Etablierung des Vermögensberaters, Geburtshelfer der Fondsgebundenen Lebensversicherung, Ermöglichung mehrerer tausend selbständiger Existenzen – hat Reinfried Pohl auch gesellschaftspolitisch etwas Bedeutsames erreicht: Er hat die Idee der privaten Vorsorge und Vermögensbildung vorangetrieben. Denn seine Klientel sind nicht in erster Linie die Besserverdienenden und Wohlhabenden, die ihr Geld für sich arbeiten lassen. Seine Kunden sind eher jüngere Menschen mit durchschnittlichen Einkommen, die gemäß der DVAG-Devise »Früher an Später denken« handeln. Weil sie eben der eigenen Vorsorge mehr vertrauen als den Versprechungen der Politik.

Natürlich ist die Deutsche Vermögensberatung AG keine gemeinnützige Einrichtung, ihr Chef versteht sich nicht als selbstloser Wohltäter der Menschheit. Die Familie Pohl will mit dem Dienstleistungsangebot der DVAG Geld verdienen. Und seine Vermögensberater, die etwa 14000 hauptberuflichen und 19000 nebenberuflichen, wollen das ebenfalls.

Das heißt aber nicht, der Kollateral-Nutzen dieses Erwerbsstrebens, nämlich die Stärkung des Vorsorge-Gedankens und die Intensivierung der individuellen Vorsorge-Praxis, wäre deshalb geringer zu veranschlagen. Bäcker, Metzger und Milcherzeuger sind ja auch nicht automatisch schlechte Menschen, weil sie ihr Geld damit verdienen, die elementarsten menschlichen Bedürfnisse, nämlich die Stillung von Hunger und Durst, zu befriedigen. Nicht anders verhält es sich mit der Vermögensberatung. Es ist geradezu der Vorzug der marktwirtschaftlichen Idee, dass der Eigennutz des einen sehr wohl zu einer Mehrung des Gesamtwohls beitragen kann – und im Zweifelsfall effizienter und effektiver als jede Form staatlicher Zwangsbeglückung.

Dass Reinfried Pohl Finanzgeschichte schreiben würde, war ihm nicht in die Wiege gelegt worden. Sein Lebenslauf spiegelt vielmehr die deutsche Geschichte des 20. Jahrhunderts mit ihren vielen Schattenseiten wider: In der sudetendeutschen Heimat als Deutscher benachteiligt, als halbes Kind noch Soldat im Zweiten Weltkrieg, Vertreibung aus dem Sudetenland, politisch bedingte Flucht aus der damaligen Sowjetischen Besatzungszone in den freien Westen, Studium unter harten Bedingungen und dann der Einstieg des frisch promovierten Juristen ins Versicherungsgeschäft – nicht aus Neigung, sondern einfach, um den Lebensunterhalt zu sichern.

So begann eine glänzende berufliche Karriere, die aber nicht ohne schwere Rückschläge blieb. Die Zusammenarbeit mit dem amerikanischen Investment-Guru Bernie Cornfield und seiner IOS endete nach anfänglich großen Erfolgen im Streit. Danach hatte es der einstige Versicherungsvertreter Pohl zum Generalbevollmächtigten einer namhaften Assekuranz gebracht. Und stand mit 47 Jahren doch plötzlich vor dem Nichts, weil er mit seinen Ideen, weil er mit seinem Allfinanz-Konzept bei seinen Anteilseignern auf taube Ohren stieß.

Reinfried Pohl wurde gewissermaßen gezwungen, etwas zu unternehmen, wurde zum Unternehmer wider Willen. Und zählt heute zu den großen Unternehmerpersönlichkeiten der Bundesrepublik, steht in einer Reihe mit den Grundigs, Neckermanns und Burdas der Wirtschaftswunderjahre. Bei allen Unterschieden ist diesen Männern eines gemein: Sie haben nicht nur »gemanagt«, sie haben sich nicht damit zufrieden gegeben, in einem vorhandenen Unternehmen die Rendite nach oben zu treiben. Nein, sie alle waren schöpferische Unternehmer mit Ideen und Visionen, die keine Angst vor dem Scheitern hatten – und deshalb auch Erfolg.

Reinfried Pohl hat sich auf diesen Gesprächsband eingelassen, weil auch er ein Interesse daran hat, einmal authentisch darzulegen, wie er mit der Kraft einer Idee ein äußerst erfolgreiches Unternehmen aufgebaut, den Markt für Vorsorge und Vermögensbildung verändert hat und zugleich eine wichtige gesellschaftspolitische Funktion erfüllt. In insgesamt neun intensiven Gesprächsrunden hat der agile Mann, dem man sein Alter nicht anmerkt, die Fragen zu seinem Leben beantwortet: Was ihn antreibt, welchen Grundsätzen und Werten er sich verpflichtet fühlt, hat seinen Lebensweg geschildert sowie seine beruflichen Erfolge ebenso wie unvermeidbare Rückschläge, hat sich zu seinen Begegnungen mit berühmten Zeitgenossen geäußert wie zum Prinzip Vorsorge und zur Lage des »deutschen Patienten«.

Die meisten dieser Gespräche fanden im Winter 2004/2005 statt. Der große Erfolg dieser Gesprächsbiographie – von den ersten drei Auflagen wurden bis zum Frühjahr 2006 mehr als 90000 Exemplare verkauft – legte eine Aktualisierung für die vierte Auflage nahe. Dazu fanden zwei weitere längere Gespräche im Mai 2006 statt.

Hier spricht ein erfolgreicher Unternehmer, einer, der weit jenseits der Pensionsgrenze unverändert der Kopf und die Seele seines Unternehmens ist. Zugleich wird deutlich: Dieser Mann denkt nicht nur ans Geld. Er ist auch ein politischer Mensch und jemand, der anderen gerne und großzügig hilft. Von Reinfried Pohls Überzeugung, dass der Einzelne der Gemeinschaft durchaus etwas schulde, haben über die Jahrzehnte sehr viele profitieren dürfen: Parteien wie Verbände und Sportvereine, Hochschulen und karitative Einrichtungen oder an der Jahreswende 2004/05 die Opfer der furchtbaren Flutkatastrophe in Südostasien.

Der Gründer der Deutschen Vermögensberatung AG ist persönlich bescheiden geblieben, unterscheidet sich wohltuend von manchem angestellten Manager, der das Geld anderer Leute mit vollen Händen ausgibt. Dass er stolz ist auf sein Lebenswerk, ist verständlich. Würde Reinfried Pohl das abstreiten, würde man es ihm ohnehin nicht abnehmen.

In Reinfried Pohl begegnet der Leser einem selten gewordenen Pionier-Unternehmer; er nimmt zudem teil an einem Streifzug durch die deutsche Geschichte des 20. Jahrhunderts, vor allem durch die jüngere deutsche Wirtschaftsgeschichte. Zugleich dürfte der Leser spüren, wie wichtig es wäre, mehr Unternehmer vom Schlage Reinfried Pohls zu haben. Männer, die den Karren ziehen – mit Kraft und klaren Zielen.

Bad Homburg, Juli 2006
Dr. Hugo Müller-Vogg

1
Die Idee

»Allfinanz heißt: Alles aus einem Kopf«

Es gibt Unternehmensgründer, die haben die Idee für ein Produkt oder eine Dienstleistung bei anderen abgeschaut und sie einfach besser umgesetzt – mit geringeren Kosten oder besserem Marketing. Sie dagegen sind vor 36 Jahren mit einer ganz neuen Idee angetreten – dem Allfinanz-Konzept. Können Sie sich noch erinnern: Kam Ihnen diese Idee eines Morgens beim Aufwachen? Oder hatten Sie monatelang über Alternativen gebrütet? Also, wie kamen Sie darauf, Menschen in deren Wohnung Versicherungen, Bausparverträge und Wertpapier-Fonds anzubieten?

So etwas fällt einem nicht von jetzt auf nachher ein. Das entwickelt sich allmählich. Bei mir war das jedenfalls so, und zwar im Rahmen meiner Berufstätigkeit nach dem Studium.

Da sind Sie ins Versicherungsgeschäft eingestiegen.

Von einem geplanten Einstieg kann da keine Rede sein. Mitte der fünfziger Jahre, nach meinem juristischen Staatsexamen und der Promotion, da brauchte ich endlich einen Beruf, um mir den Lebensunterhalt zu sichern. So ergab sich mehr oder weniger zufällig die Tätigkeit beim Gerling-Konzern.

Da haben Sie zunächst einmal Versicherungen verkauft.

Ja, so war das. Und da habe ich sehr schnell etwas ganz Entscheidendes gelernt: Wenn Sie dieses Geschäft ernsthaft und ehrlich betreiben, dann bildet sich sehr schnell ein großes Vertrauensverhältnis zwischen dem, der eine Versicherung braucht, und dem Vermittler heraus. Vor vierzig, fünfzig Jahren musste man zum Beispiel, wenn man eine Lebensversicherung abschloss, mindestens dreißig Fragen zur Gesundheit beantworten. Als Berater waren Sie also zwangsläufig genau über die gesundheitliche Situation Ihres Kunden im Bilde. Dazu gehörte, dass der Kunde Ihnen vertraute. Daneben bekamen Sie auch Einblick in die Vermögensverhältnisse.

Dass ein Kunde seinem Berater dies alles anvertraut, ist ja nicht selbstverständlich.

Nein, keineswegs. Mir gelang dies manchmal auch deshalb leichter als anderen, weil die Kunden in der Gegend von Marburg und Gießen bis dato nicht gewohnt waren, von einem Juristen, von einem Dr. jur., betreut zu werden. Immer öfter ergab sich die Situation, dass meine Versicherungs-Kunden mich mit Fragen zu anderen Dingen bestürmten. Etwa: Hören Sie mal, ich will bauen, was meinen Sie, soll ich das über einen Bankkredit finanzieren oder lieber über einen Bausparvertrag? Ich musste aber häufig passen, weil ich von diesen Dingen nicht allzu viel verstand. So ist dann allmählich meine Allfinanz-Idee entstanden. Ich habe nämlich erkannt: Menschenskind, die Leute vertrauen dir. Da gibt es Lücken, die ausgefüllt gehören. Diese Idee hat mich dann nicht mehr losgelassen, nämlich nicht getrennt zu lassen, was zusammengehört.

Sie ersparen den Menschen im Grunde mit der umfassenden Finanzberatung viele Wege und viel Zeit.

Ja. Ich sagte, wenn du krank bist, dann musst du zum Hausarzt, wenn du aber deine Versicherungsfragen lösen willst, dann brauchst du mindestens sechs unterschiedliche Verträge und verschiedene Vertreter. Der eine schließt nur Krankenversicherungen ab, der andere macht in Rechtsschutz, der nächste Haftpflicht und so weiter. Das ist ja ein nicht gerade idealer Zustand. Und wenn der Kunde zusätzlich noch sparen will, muss er wieder zu jemand anderem gehen. Da sah ich die große Chance für meine im Grunde einfache, dann sehr erfolgreiche Idee: die Chancen zu nutzen, die sich aus einem einmal entstandenen Vertrauensverhältnis ergeben. Natürlich auch im Interesse des Kunden.

Ich weiß nicht, wie das in den sechziger Jahren war. Aber heute kann ich bei der Bank auch einen Bausparvertrag abschließen. Und wenn ich eine Versicherung brauche, empfiehlt die Bank mir einen Versicherungs-Agenten.

Ja, die Banken haben sich da dem Markt angepasst. Und doch gibt es einen Riesenunterschied zu meiner Allfinanz-Konzeption. Es gilt nicht »alles unter einem Dach« wie bei anderen Instituten, sondern »alles aus einem Kopf«. Das ist das Besondere. Bei einer Volksbank kann man einen Bausparvertrag abschließen. Dann muss man zu einem Schalter gehen, über dem »Schwäbisch-Hall« steht, und mit dem Bausparberater sprechen. Man kann natürlich auch eine Versicherung bekommen. Fürs Wertpapier-Sparen muss ich wiederum an einem anderen Schalter oder in einer anderen Abteilung vorsprechen. Ich habe mit fünf verschiedenen Beratern zu tun statt mit einem. Meine »Erfindung«, wenn Sie es so nennen wollen, besteht darin, dass ein Mitarbeiter, den ich Vermögensberater nenne, das ganze Angebot »aus einem Kopf«, aus einer Hand zu seinen Kunden bringt.

Manche Banken sprechen inzwischen auch von einer Allfinanz-Konzeption.

Gut, die Allianz kann sich als Allfinanz-Konzern bezeichnen; sie war eine Versicherung und hat nach der Übernahme der Dresdner Bank jetzt ihre eigene Bank. Ich sehe das durchaus auch als Folge meiner Strategie. Die Amerikaner haben meines Wissens wegen der von mir zum Erfolg geführten Allfinanz-Konzeption sogar einige Gesetze geändert. Denn es war vorher verboten, dass eine Bank Versicherungsgeschäfte betrieb.

Wie kamen Sie eigentlich auf den Begriff Allfinanz? Das ist, wenn man es genau nimmt, ein Kunstwort, zusammengesetzt aus den beiden englischen Wörtern »all« und »finance«.

Es ist unbestritten, dass niemand zuvor diesen Begriff geprägt hat. Sie finden in keiner Publikation irgendeinen, der sagen könnte, das war nicht der Pohl, das war ich.

Auch in Amerika nicht?

Nein. Allfinanz ist der erste Begriff dieser Art, der aus deutschem Sprachgebrauch um die ganze Welt gegangen ist.

Hätte es eine Alternative zu Allfinanz gegeben?

Nein. Über andere Begriffe habe ich nicht nachgedacht. Allfinanz, das ist mir einfach Ende der sechziger Jahre eingefallen. Und dabei blieb ich.

Sie haben auch keine Marketing-Berater gefragt?

Nein. Die Idee und der Name sind von mir, alles ganz original.

Es gibt ja noch einen Begriff, der von Ihnen stammt: Vermögensberater. Wann haben Sie den eingeführt?

Den habe ich eingeführt im Zusammenhang mit der Gründung der Vermögensberatungs-Gesellschaft Bonnfinanz im Jahr 1970. Zur Bonnfinanz kamen viele ehemalige IOS-Verkäufer, die Investmentfonds vertrieben hatten. Die bezeichneten sich als Anlageberater. Das war eben der passende Ausdruck, wenn Sie Geld anlegen wollen. Aber Geld anzulegen, reicht nicht.

Was gehört denn noch dazu?

Ich habe schon sehr frühzeitig die These vertreten, der Aufbau eines Vermögens ohne dessen Absicherung gleicht einem Haus ohne Dach. Das war immer mein Schlüsselsatz: Wir können den Kunden kein Haus ohne Dach anbieten.

Das müssen Sie mir bitte erklären.

Das ist ganz einfach: Was nützt mir das schönste Haus ohne Versicherung gegen Feuer? Und was nützt es mir, wenn ich in jungen Jahren mit dem Aufbau eines Vermögens beginne, meine Familie aber nicht abgesichert ist, falls ich plötzlich sterbe. Deshalb habe ich gesagt, der Begriff Anlageberater reicht nicht aus. Hinzu kam, dass das Image derer, die in der Versicherungsbranche arbeiteten, schon damals negativ war. So schließt sich der Kreis: Meine Vision von der Allfinanz-Beratung konnte ich nur verwirklichen mit Menschen, die sich weder Anlageberater noch Versicherungsvertreter nannten. So entstand der Begriff Vermögensberater.

Hat sich der Begriff »Vermögensberater« schnell durchgesetzt?

Das war nicht so einfach. Denn der Begriff war zunächst insofern missverständlich, weil sich der normale Bürger unter einem Vermögensberater eben jemanden vorstellt, der Kunden berät, die schon Vermögen besitzen. Ich wollte aber gerade auch diejenigen beraten, die sich erst noch ein Vermögen aufbauen müssen. Also, meine Idee lautete: Lassen wir Vermögensberater ein neues Produkt, das Allfinanz-Angebot, auf den Markt bringen. Dabei muss ich einräumen, dass mir damals mehr an dem neuen Produkt und dem neuen Berufsstand lag als an der Gründung eines eigenen Unternehmens.

Heute sind Sie der Chef von 33 000 Vermögensberatern. Wären Sie beleidigt, wenn ich sagte: »Das sind doch alles nur Verkäufer«?

Also, beleidigend wäre das nicht und falsch auch nicht. Es handelt sich um eine beratende Tätigkeit. Aber am Schluss muss der Verkauf stehen, das ist klar. Aber es ist eben mehr, als nur etwas zu verkaufen. Es geht, ich habe es schon gesagt, vor allem um die Vertrauensbasis. Der Kunde fasst kein Vertrauen, wenn er merkt, ich spreche hier mit jemandem, der sich lediglich im Abschließen einer Lebensversicherung auskennt. Der Kunde muss auch darauf vertrauen können, dass der Berater beurteilen kann, ob der Beratene tatsächlich eine Lebensversicherung braucht, ob sie für ihn überhaupt das richtige Produkt ist.

Wie merkt ein Kunde das?

Wenn er den Eindruck gewinnt, hier will mir jemand ein ganz bestimmtes Produkt »aufs Auge drücken«, dann wird er skeptisch – und das zu Recht. Wenn er aber merkt, dass sein Berater nicht unbedingt diese Lebensversicherung abschließen will, dass er ihm die Vor- und Nachteile vieler Angebote aus einer ganzen Palette aufzeigen kann, dann fasst der Kunde eher Vertrauen. Deshalb wollte ich, und das ist mir auch gelungen, den gesamten Bedarf eines privaten Kunden abdecken. Im Übrigen ist es die Pflicht eines jeden Vermögensberaters, beim Kunden zunächst die schon vorhandenen Verträge zu erfassen. Ebenso seine Einkommenssituation, seine Ziele und Wünsche. Auf der Grundlage dieser Daten wird für den Kunden dann ein individueller Vermögensaufbau-Plan erarbeitet, und zwar mit Hilfe eines Computer-Programms. Dieser Plan, das ist eigentlich das wichtigste Produkt unserer Vermögensberater.

Fühlen sich Ihre Vermögensberater nicht den ausgebildeten Bankkaufleuten unterlegen, jedenfalls in Bezug auf das Image?

Ich habe mal zu meinen Beratern gesagt, falls es euch an Selbstbewusstsein fehlt, dann stellt euch vor eine Bankfiliale und wartet, bis die erste Familie geschlossen in die Bank geht und sich dort beraten lässt. Und dann vergleicht das mit eurer Tätigkeit: Von euch lässt sich die ganze Familie beraten – und zwar nach Schalterschluss, sogar sonnabends oder sonntags. Mein Allfinanz-Konzept ist ja vor allem dadurch erfolgreich geworden, dass die Mitarbeiter bereit sind, direkt ins Haus zu kommen und zu beraten; außerhalb der Schalterzeiten, unter Einbeziehung der ganzen Familie.

Unabhängig von Begriffen wie Berater oder Verkäufer: Am Allfinanz-Konzept wird auch kritisiert, der einzelne Berater könne sich gar nicht so gut in allen seinen Angeboten auskennen wie der Spezialist für Kranken- oder Lebensversicherun-

gen, der Experte für Aktienfonds oder der Fachmann für Bausparverträge mit ihren viel schmaleren Paletten. Ist da nicht doch etwas dran?

Anfänglich bin ich deswegen angegriffen worden, weil ein Berater angeblich nicht gleichzeitig etwas von Bausparen, von Wertpapieren und von Versicherungen verstehen könne. Da habe ich mir gedacht: »Ich werde es euch zeigen!« Das ist mir dann auch gelungen.

Und wie ist das gelungen?

Zum einen muss unser Berater ein Generalist sein. Deshalb vergleiche ich ihn ja auch mit dem Hausarzt. Er kann nicht Spezialist sein. In einem Vertriebsunternehmen bin ich verpflichtet, meine Berater von Sparten abzuhalten, denen sie nicht gewachsen sind. Die DWS, die Fondsgesellschaft unseres Partners Deutsche Bank, hat zum Beispiel über 300 Fonds. Die kann mein Berater nicht alle verkaufen, er kann nur eine gewisse Auswahl beherrschen. In viele Produktbereiche bin ich nicht hineingegangen. Ich habe den grauen Kapitalmarkt gemieden, ich habe also keine geschlossenen Fonds für Immobilien oder Schiffe verkauft, keine Steuersparmodelle, überhaupt keine Produkte, hinter denen keine Versicherungen oder Banken stehen und die deshalb auch nicht den Regeln und der Aufsicht der Finanzmärkte unterliegen. Weniger kann mehr sein. So schütze ich meine Kunden davor, falsch beraten zu werden. Noch etwas kommt hinzu: Ich habe das Allfinanz-Konzept auf den Bedarf des privaten Kunden beschränkt. Das ist ganz wichtig. Denn unsere Berater könnten nicht gleichzeitig noch den Bedarf eines Handwerksbetriebs oder eines Einzelhandelsgeschäfts an Versicherungen analysieren und dem Inhaber entsprechende Lösungen anbieten.

Nochmals gefragt: Was können die Deutsche Vermögensberatung und ihre Berater, was Banken nicht können?

Banken verkaufen Produkte und Dienstleistungen: Aktien, Fonds, Festgelder, Girokonten oder Kredite. Wir dagegen verkaufen Konzepte. Einfache, maßgeschneiderte Vorsorgepakete, die alle Eventualitäten des Lebens abdecken: den Aufbau eines Vermögens wie seine Absicherung.

Kritiker Ihres Vertriebskonzepts sprechen von Drückerkolonnen oder von »Kloppern«. Auch die Bezeichnung »Struckies« für Mitarbeiter eines Strukturvertriebs taucht heute immer noch auf. Das klingt nicht gerade schmeichelhaft. Hat Sie das verletzt oder zumindest irritiert?

Es hat mich im Interesse der Mitarbeiter verletzt. Bekanntlich ist nichts schwieriger, als eine »unsichtbare« Ware zu verkaufen. Auch dadurch ist der Beruf des Versicherungsvertreters schon sehr früh in Misskredit geraten. Umfragen ergeben seit eh und je, dass die Menschen Versicherungsvertreter im allgemeinen nicht sehr schätzen, den einen aber, den man persönlich kennt, den sieht man dagegen meistens positiv. Aber ich kämpfe weiterhin dafür, dass der Beruf des Vermögensberaters ein hohes gesellschaftliches Ansehen erlangt.

Seit wann gibt es eigentlich den Begriff »Struckie«?

Der ist erst nach der Wende entstanden. Aber was bedeutet er? Es gibt nichts im Leben, was ohne Gliederung, ohne Struktur funktioniert, sei es bei der Bundeswehr, in der staatlichen Verwaltung oder in der Wirtschaft. Bei der Bundeswehr wird man auch erst Hauptmann, wenn man zuvor Fähnrich und Leutnant war. Bei den Banken folgt dem Handlungsbevollmächtigten der Prokurist, und dann kommen die unterschiedlichsten Direktoren-Stufen vor dem Vorstand. Ich habe eben ein strukturiertes Vertriebssystem. Was soll daran negativ sein? Abgesehen davon empfinde ich das Wort Strukturvertrieb, aus dem der Begriff »Struckie« entsprungen ist, als absolut unlogisch, als ein perfektes Unwort. Man kann Produkte vertreiben, aber keine Strukturen.

Man kann bei Ihnen nur aufsteigen, wenn bestimmte Ziele erreicht werden. Das wird doch knallhart an Euro und Cent festgemacht?

Ja, so ist es. Ich bin halt ein Verfechter des Leistungsprinzips. Das ist der Grund, warum ich mich seinerzeit entschieden habe, nicht nur für wenige Monate beim Gerling-Konzern und in der Versicherungsbranche zu arbeiten, sondern auf Dauer. Ich habe schnell für mich erkannt, dass ich mich selbst beweisen muss. Wie hätte ich als Rechtsanwalt erkennen können, ob ich erfolgreich bin, wer entscheidet darüber? In meiner Branche ist Erfolg messbar, das habe ich dann perfektioniert. »Deine Beförderung bei uns hängt nicht davon ab, dass du die schielende Tochter deines Chefs heiratest.« Das ist einer meiner Kernsprüche. »Bei uns wirst du befördert, wenn du was geleistet hast. Und das ist messbar. Dann rückst du auf.«

Das ist genau der Punkt, mit dem viele gesellschaftspolitische Kritiker bei uns Probleme haben: dass Leistung messbar, benotbar sein soll.

Ich weiß. Aber es gibt nichts Gerechteres, als wenn man die Leistung messen kann und alle Beteiligten das von vornherein wissen.

Kommen wir zurück zu den Vermögensberatern. Es gibt sicher auch Berater, die Fehler machen. Sie werden nicht sagen, ich lege für alle meine Mitarbeiter die Hand ins Feuer?

Das kann ich nie und nimmer, es menschelt doch überall.

Was tun Sie konkret dagegen?

Ich tue viel dagegen. Ein Vorteil des strukturierten Systems ist, dass derjenige, der einen Fehler macht, sich selbst bestraft. Ein unzufriedener Kunde wird den schlechten Berater nicht weiterempfehlen, das ist schlecht für sein Geschäft. Ein unzufriedener Kunde wird aber auch niemandem raten, für die Deutsche Vermögensberatung zu arbeiten. Darauf sind wir aber angewiesen. Wir rekrutieren unsere Vermögensberater praktisch zu 95 Prozent aus den Empfehlungen zufriedener Kunden. Verletzt ein Berater seine Pflichten, hat er außerdem keine Chancen aufzusteigen. Wer Fehler macht, muss dafür den Kopf hinhalten, das ist doch logisch.

Es gibt aber sicher auch Beratungsfehler, die zu Rechtsstreitigkeiten führen.

Wenn Sie vier Millionen Kunden haben, bleibt das nicht aus. Die Bundesaufsicht für das Versicherungs- und Kreditwesen führt eine genaue Statistik. Jeder in Deutschland weiß, dass er sich über falsche Beratung beschweren kann. Die Hoffnung, dass in der Branche keine Fehler passieren, gleicht der Hoffnung auf Straßenverkehr ohne Unfälle. Wir sind mit 33 000 Vermögensberatern und deren Angehörigen, also mindestens 100 000 Menschen, mit einer Großstadt vergleichbar. Und jetzt nennen Sie mir die Großstadt, in der es kein Fehlverhalten von Menschen gibt und in der niemand verurteilt wird. Aber unser System schließt eher Fehler aus als andere.

Wie oft kommt es zu Gerichtsverfahren?

Die Zahl der Beschwerden ist ganz minimal. Rechtsstreitigkeiten gibt es, ganz klar; in erster Linie beim Vertrieb von Wertpapierfonds. Wenn Sie mehr als 1,2 Millionen Wertpapierdepots vermittelt haben, ist das nicht auszuschließen, vor allem, wenn Berater angeblich gesagt haben, der Kunde könne jährlich mit einem Wertzuwachs von 6 bis 8 Prozent rechnen.

Sind Ihre Berater gut genug ausgebildet?

Wir schulen unsere Vermögensberater viel besser als unsere Konkurrenten. Dafür geben wir zusammen mit unseren Partnern etwa 40 Millionen Euro aus, Jahr für Jahr. Dazu unterhalten wir elf eigene Berufsbildungszentren. Dahinter steckt eben die alte Erkenntnis: Wissen ist Macht, Wissen schafft Vertrauen. Die Ausbildung ist das Entscheidende. Nur dann können Sie überhaupt das Allfinanz-Konzept rechtfertigen. Unsere wichtigsten Kontrolleure sind übrigens unsere Partnergesellschaften. Wenn ein Kunde mit einem Fonds-Sparplan oder einem Bausparvertrag unzufrieden ist, wendet er sich an die Bank, die den Fonds aufgelegt hat, oder an die Bausparkasse. Und wenn unsere Partnergesellschaften, also die Aachen-Münchener Versicherungsgruppe, die Deutsche Bank oder die Badenia Bausparkasse, mit den Leistungen unserer Berater unzufrieden wären, würden sie uns das wissen lassen. Im Übrigen kann ich Aussagen unserer Partner ins Feld führen, die sagen, von der Deutschen Vermögensberatung vermittelte Verträge führten zu weniger Beschwerden als die von den eigenen Mitarbeitern erreichten Abschlüsse. Es ist ja kein Zufall, dass nur jeder zweite Interessent es bei uns zum hauptberuflichen Vermögensberater schafft.

Man könnte natürlich sagen, der Deutschen Bank sei es gleichgültig, mit welchen Methoden Sie DWS-Fonds verkaufen, Hauptsache, Sie verkaufen.

Sie haben natürlich im Kern Recht. Aber der Kunde ginge trotzdem zur Deutschen Bank und beschwerte sich. Mein Hauptargument, dass unser Vertriebs-System nicht den schlechten Ruf verdient, den es früher hatte, ist die Tatsache, dass wir sonst nicht vier Millionen Kunden gewinnen und der erfolgreichste Finanzvertrieb weltweit hätten werden können. Im Übrigen hat sich auch der Ruf der Berater wesentlich verbessert – und das zu Recht.

Wie lange sind Ihre Kunden Ihnen im Durchschnitt treu?

Viele sind schon seit drei Jahrzehnten dabei. Die Lebensversicherung ist bekanntlich das längste Abzahlungsgeschäft auf der Welt, die durchschnittliche Laufzeit beträgt fast 30 Jahre. Wir haben einerseits natürliche Abgänge. Aber gleichzeitig wachsen wir überdurchschnittlich. Unser Beitragsvolumen ist 2005 in Deutschland gegenüber dem Vorjahr genau um 11,1 Prozent auf 2,6 Milliarden Euro gestiegen. Das Beitragsvolumen der Branche ist dagegen nur um 6,9 Prozent gewachsen.

Sie haben sich gewiss auch schon von Beratern getrennt. War das eine große Zahl?

Es gab ganz wenige Trennungen. Man muss unterscheiden, ob die Trennung wegen falscher Beratung erfolgte oder deshalb, weil Führungskräfte ihren Pflichten nicht nachkamen. Falsche

Beratung wird direkt vom Markt bestraft, wenn Sie so wollen. Es ist ein Vorteil, dass alle unsere Mitarbeiter Selbständige sind, im Unterschied zu den übrigen Vertriebssystemen der deutschen Finanzwirtschaft, die ja mit Angestellten arbeitet. Bei uns wirkt sich Fehlverhalten sofort aus, nach dem Motto: Du musst selbst den Schaden bezahlen.

Verbraucherzentralen vergleichen gerne die Storno-Quoten bei Lebensversicherungen: 5 Prozent im Durchschnitt und 7 Prozent bei Ihnen.

Dieser Vergleich ist großer Unsinn. Aus meiner Sicht ist diese Quote kein Maßstab zur Beurteilung der Beratung, denn die Zahl der Stornierungen hängt stark ab von der Zusammensetzung der Kundschaft. Wir sind seit Jahren der größte Vertrieb in den neuen Bundesländern. Wenn dort die wirtschaftliche Entwicklung negativ verläuft, muss das logischerweise Folgen haben. Wenn jemand arbeitslos wird und den Beitrag nicht mehr zahlen kann, dann heißt das: Storno. Bei uns fällt das Storno hauptsächlich nach drei bis vier Jahren an, also nicht zeitlich nahe am Vertragsabschluss; dies wäre ein Indiz für falsche Beratung, also eine Qualitätsfrage. Ansonsten ist es eine Marktfrage und eine Produktfrage. Es gibt unendlich viele Ursachen, die dazu führen, dass Verträge nicht aufrechterhalten werden. Wenn jemand aber freiwillig Jahr für Jahr den ursprünglichen Beitrag erhöht, ist das der beste Beweis, dass er sich gut beraten fühlt und zufrieden ist. Im Jahr 2005 wurden von unseren Kunden über 1,5 Millionen Verträge erhöht. Im Übrigen hat die unabhängige Kölner ServiceRating GmbH nach einem umfangreichen Bewertungsverfahren unser Unternehmen mit dem Testergebnis »sehr gut« ausgezeichnet. Dieses Ergebnis spricht für sich und unsere Vermögensberater.

Nach der Wende haben viele Ostdeutsche schlechte Erfahrungen gemacht mit Beratern, die ihnen alles Mögliche verkauft haben. Das hat auch dem Begriff Marktwirtschaft geschadet. Können Sie wirklich sagen, das waren nicht unsere Mitarbeiter, das war die böse Konkurrenz?

Nach der Wende fielen alle möglichen Wettbewerber in die neuen Länder ein und haben die Gutgläubigkeit der Menschen ausgenutzt. Es war eine Goldgräberstimmung. Dann kam anschließend der Zusammenbruch dieser Vertriebssysteme. Ich hatte bei der DVAG insofern vorgebaut, als ich Erfolge in den neuen Bundesländern bei unseren internen Bewertungsregeln nur zur Hälfte wertete. Die Abschlüsse in dieser tollen Marktlage gingen nur zu 50 Prozent in die Bewertung der Berater ein, bis sich alles normalisiert hatte. Das hat unsere Berater vor zweifelhaften Abschlüssen geschützt, sie hätten sich für die Berater gar nicht gelohnt.

Hat Sie das Marktanteile in den neuen Ländern gekostet?

Im Gegenteil, das hat mich in gewisser Weise gerettet. Weil wir zurückhaltender vorgegangen sind, sind wir dort jetzt der stärkste Vertrieb. Allerdings haben auch wir unter der schwierigen wirtschaftlichen Lage in Ostdeutschland zu leiden.

Wie hoch ist der Marktanteil in den neuen Ländern?

Fast 30 Prozent.

In Ihrer Branche hängt viel vom guten Ruf, vom Image ab. Die Strukturvertriebe werden in der Öffentlichkeit im Vergleich zu den Banken gern als »Schmuddelkinder« bezeichnet. Im November 2001 kam es aber zum Kooperationsvertrag der DVAG mit der Deutschen Bank. Bankchef Rolf Breuer wurde in der Jahrhunderthalle Höchst in Frankfurt anschließend von Ihren Mitarbeitern frenetisch gefeiert, weil er sie mit »Liebe Kolleginnen und Kollegen« ansprach. War das eine Art Ritterschlag für Sie?

Den hätte ich persönlich zu dieser Zeit schon nicht mehr gebraucht. Aber in den Aufbaujahren hatten die Geldinstitute, insbesondere die Volksbanken und Sparkassen, uns gerade in ländlichen Gegenden scharf bekämpft. Das hat sich dann geändert, zumal wir ja auch mit der Dresdner Bank lange zusammengearbeitet haben. Vor mehr als drei Jahren wurden wir dann der mobile Vertrieb der Nummer eins unter den Banken, der Deutschen Bank. Das hat natürlich dem Selbstbewusstsein unserer Mitarbeiter geholfen, so nach dem Motto: »Was sagt ihr denn nun?! Wir vertreiben für die Deutsche Bank neben DWS-Fonds auch in großem Stil Baufinanzierungen und sind in das Ratenkreditgeschäft eingestiegen. Wir, die Vermögensberater der Deutschen Vermögensberatung, bieten fast alles an, was man auch in einer Deutschen-Bank-Filiale bekommt.«

Für wen war diese Kooperation wichtiger, für Sie oder für die Deutsche Bank?

Natürlich war das für uns eine Chance, die wahrgenommen werden musste. Aber es war auch wichtig für die Deutsche Bank, die ja lange Jahre das Geschäft mit dem normalen Kunden vernachlässigt hatte.

Das Unternehmens-Image ist zweifellos sehr wichtig. Haben Sie deshalb eine Reihe von angesehenen Persönlichkeiten in Ihrem Beirat?

Ja. Fast jedes große Unternehmen hat neben dem Aufsichtsrat noch einen Beirat. Das gab es früher bei uns nicht, sondern es hat sich erst im Laufe der Jahre entwickelt. Ich wollte durch die Besetzung dieses Beirats auch dokumentieren, dass die Deutsche Vermögensberatung eine zentrale gesellschaftspolitische Aufgabe hat, nämlich die Vermögensbildung und die private Vorsorge für das Alter voranzubringen. Deshalb bin ich froh, dass ich Persönlichkeiten aus der Politik wie aus der Wirtschaft für diesen Beirat gewinnen konnte, zum Beispiel Altkanzler Helmut Kohl, den früheren hessischen Ministerpräsidenten Walter Wallmann oder die ehemalige Bundestagsvizepräsidentin Anke Fuchs. Auch der Aufsichtsratsvorsitzende der Deutschen Bank, Rolf Breuer, oder der ehemalige Nestlé-Chef Helmut Maucher gehören diesem Gremium an.

Und Michael Schumacher trägt Ihr Firmenlogo auf seiner Kappe.

Ja, aber das machen wir nicht in erster Linie, um Kunden zu gewinnen, sondern um das Selbstbewusstsein unserer Vermögensberater zu stärken. Denn unser Unternehmen sieht man nicht, wir sind im Straßenbild nicht so sichtbar wie die Banken. Die Deutschen brauchen aber Statussymbole, da hilft ein »Schumi« mit seinen Erfolgen in der Formel 1 ungeheuer.

Sie haben keine eigenen Produkte, sondern vertreiben von Anfang an die Angebote von Versicherungen, Bausparkassen und Banken, waren und sind also gleichzeitig Partner und Konkurrent.

Das haben Sie richtig formuliert. Die AachenMünchener sieht das so, und die Deutsche Bank ebenso. Die Deutsche Bank hat zudem erkannt, dass sie mit unserer Hilfe in Kundenschichten hineinkommt, die sie selbst nicht erreichen würde.

Ein »clash of cultures«, ein Kulturkampf, ist dabei durchaus denkbar. Deutsche Bank und Deutsche Vermögensberatung sind ja wohl zwei völlig unterschiedliche Unternehmen.

Wir haben im Augenblick ein sehr friedliches und freundschaftliches Verhältnis. Und jeder Filialdirektor der Deutschen Bank freut sich, wenn einer unserer Vermögensberater kommt und ihm Kunden bringt. Wir profitieren da von den besonderen Verhältnissen in mittelgroßen Städten, wo jeder jeden kennt. Da will nicht jeder, dass die örtliche Sparkasse oder Volksbank alles über seine Einkommens- und Vermögensverhältnisse weiß. Das hatten schon die Anlageberater von IOS ausgenutzt und Menschen die Möglichkeit geboten, Geld anzulegen, ohne dass die eigene Sparkasse oder Volksbank das erfährt.

Wer nicht will, dass sein Geldinstitut alles weiß, eröffnet halt bei einer anderen Bank ein weiteres Konto.

Theoretisch ja. Aber viele Menschen haben gerade bei den großen international tätigen Banken eine Art Schwellenangst. Alleine geht ein solcher Kunde nicht zur Deutschen Bank. Aber wenn einer kommt, dem er vertraut, und nimmt ihn an der Hand, dann funktioniert es.

Noch mal zurück zur unterschiedlichen Unternehmenskultur.

Als ein führender Mann von der Deutschen Bank zur Dresdner Bank ging, hat er unendlich viel Wissen über unser Vertriebssystem mitgenommen. Wie ich ja überhaupt viel kopiert werde. Meinen Mitarbeitern, die sich deswegen Sorgen machen, sage ich zur Beruhigung immer: Zwischen Kopieren und Kapieren ist ein Unterschied. So zweifle ich sehr daran, dass alle Allianz-Agenturen erfolgreich Kunden für die Dresdner Bank gewinnen werden. Selbst dann nicht, wenn sie bessere Konditionen als die Mitarbeiter in den Bank-Filialen anbieten können. Das bringt der Allianz und der Dresdner mehr Streit als Nutzen.

Da Sie ausschließlich fremde Produkte vertreiben, müssen Sie auf die Qualität der Produkte vertrauen können.

Ja. So wie der Kraftfahrzeughändler darauf vertrauen muss, dass der Hersteller gute Autos liefert. Allerdings habe ich durch meine Marktmacht eine starke Kontrollfunktion. Inzwischen laufen über 80 Prozent des Neugeschäfts an Lebensversicherungen der AachenMünchener über uns. Der »Hersteller« ist in diesem Fall weitgehend abhängig vom Vertrieb. Damit habe ich die Möglichkeit, gegebenenfalls zu sagen: Leute, das müsst ihr anders machen. Etwa, wenn der Kundenservice nicht in Ordnung ist. Oder ich verkaufe einfach nicht mehr eine bestimmte Rechtsschutz-Versicherung, wenn ich glaube, das Produkt ist zu teuer. Ich habe da eine sehr große Freiheit. Übrigens sind wir einer der Marktführer im Neugeschäft mit der Riester-Rente. Wir haben bei den Neuabschlüssen einen Marktanteil von elf Prozent. Beim Bestand an Riester-Renten liegt unser Anteil über zwölf Prozent.

Die DVAG ist nach eigenen Angaben der größte eigenständige Finanzvertrieb weltweit. Wie messen Sie das?

Die Länder mit den größten strukturierten Vertrieben für Finanzprodukte sind Deutschland und die USA. Das hat die Forschungsstelle für Finanzdienstleistungsrecht an der Universität Marburg in einer 2004 veröffentlichten Studie festgestellt. In anderen Ländern gibt es kaum noch derart eigenständige Vertriebe. Es sind fast alles nur Anhängsel von Banken oder Versicherungen, die nicht unabhängig operieren. Ich dagegen kann völlig eigenständig handeln. Deshalb wird ja auch immer wieder versucht, die Deutsche Vermögensberatung zu kopieren.

So besehen sind Ihre schärfsten Konkurrenten Ihre Nachahmer?

So ist es.

Nachahmung ist bekanntlich die höchste Form der Anerkennung.

In der Tat. Ich freue mich, wenn Banken und Sparkassen plötzlich – was sie früher ablehnten – auch direkt zum Kunden gehen. Das bestätigt nur unser Konzept. Uns hilft bei dieser Konkurrenz unsere Form der Mitarbeiter-Entlohnung. Welcher Angestellte einer Bank oder Sparkasse bekommt höhere Bezüge, wenn er mehr Kunden berät? Und wer geht schon abends oder am Wochenende zu den Kunden nach Hause? Bei uns zahlt sich das hingegen aus.

Aber nochmals: Wie messen Sie Ihren Erfolg im Vergleich mit anderen?

Der zentrale Maßstab ist das Umsatzvolumen. Auch die Zahl der Kunden und Mitarbeiter ist sehr aussagekräftig. In Deutschland waren unsere Umsatzerlöse 2005 höher als die addierten Inlandsumsätze unserer Mitbewerber AWD und MLP.

Auch bei der Zahl der Kunden liegen wir weit vorn: AWD plus MLP bringen es auf gut die Hälfte unserer Kunden. Dasselbe gilt für die Zahl der Vermögensberater: Auch hier sind wir weitaus stärker als AWD und MLP zusammen.

AWD und MLP sind demnach in Deutschland Ihre bedeutendsten Konkurrenten und zugleich die Nummer 2 und 3 im Markt.

Das ist richtig. MLP spezialisiert sich allerdings überwiegend auf Akademiker, AWD ist nach dem Börsengang auf Expansion im Ausland eingestellt. Es ist für uns durchaus vorteilhaft, dass es diese beiden an der Börse notierten Unternehmen gibt. Einmal können wir an den Kursen von AWD und MLP sehen, wie hoch der Wert der Deutschen Vermögensberatung ist. Zum anderen, weil Konkurrenten ein so genanntes positives »Feindbild« sein können. Das ist – wie im Sport – oft ein Grund, sich noch mehr anzustrengen.

Nummer 1 in Deutschland heißt aber nicht automatisch, auch weltweit führend zu sein.

Richtig. Aber aus der erwähnten wissenschaftlichen Untersuchung geht eindeutig hervor, dass der Marktführer in Amerika, Primeamerica Financial Services, eine Tochtergesellschaft der Citigroup ist, also nicht als unabhängiger Finanzvertrieb gelten kann. Deshalb kamen die Autoren der Studie zu dem Ergebnis, dass die Deutsche Vermögensberatung – ich zitiere jetzt wörtlich – »der größte unabhängige Allfinanz-Dienstleister der Welt« ist. Wir können uns also mit gutem Grund als die Nummer 1 bezeichnen.

Gibt es eigentlich ein Geheimnis für Ihren Erfolg?

Viele! Zum Erfolg gehört etwa, dass ich manches nicht gemacht habe, was andere machen. Dass ich den Mitarbeitern eine kostenlose Ausbildung biete, ihnen Anerkennung zuteil werden lasse, als Belohnung Reisen auslobe und – das halte ich für ganz wichtig – die Lebenspartner, wenn irgend möglich, bei allen Veranstaltungen einbeziehe. Zum Erfolgsgeheimnis gehört auch, dass ich keine Gebietsbeschränkung habe, was sonst allgemein in der Branche üblich ist. Bei mir kann jeder überall arbeiten, es gibt keinen Gebiets- und Kundenschutz. Ich gebe also sehr viel Freiheit.

Wie sehen Sie Ihre eigene Rolle, die Rolle des Dr. Pohl: Sind Sie in erster Linie Stratege oder Motivator?

Beides. Natürlich schöpfe ich aus meiner Erfahrung, auch das ist ein Erfolgsgeheimnis. Es gibt wohl niemanden im Finanzvertrieb, der schon so lange tätig ist wie ich. Ich habe meine zwölf Jahre Erfahrung beim Gerling-Konzern, ich habe dann durch Erich Mende in der Zusammenarbeit mit IOS die Philosophie der Amerikaner kennen gelernt und aus deren Fehlern die Lehren gezogen, ich habe später die Vermögensberatungsgesellschaft Bonnfinanz aufgebaut. Ich konnte – noch eine Ursache für den Erfolg – immer allein entscheiden. So hatte ich mehr Verantwortung als andere, habe aber nicht aus Angst vor dem Tod Selbstmord begangen wie so viele, die um ihren Posten fürchteten, wenn es um wichtige Entscheidungen ging.

Wer andere motivieren will, muss sich selbst motivieren können.

Ja. Bei anderen erlebt man dabei natürlich auch Enttäuschungen, obwohl ich davon weitgehend verschont geblieben bin. Ich bin dadurch motiviert, dass ich glaube, etwas geschaffen zu haben. Ich habe zuerst den Markt überrascht und dann die Finanzwelt verändert. Und da bin ich jetzt mal ganz offen: Das ist noch nie so richtig gewürdigt worden. Dass ich ein Stück Finanzgeschichte geschrieben habe auf vielen Gebieten, dass ich nun nachgeahmt werde von denen, die mir nie eine Chance geben wollten. Dass man nun meinen Rat sucht, das ist allerdings eine zeitliche Belastung für mich. Motivation entsteht durch die Anerkennung, die ich letztlich erfahren habe. Und durch die Verpflichtungen gegenüber meinen Mitarbeitern: Ich bezeichne mein Unternehmen als eine berufliche Familiengemeinschaft.

Es heißt, Sie könnten Ihren Vertrieb »über den Bauch kitzeln«, also die Leute emotional packen?

Ja, auch. Aber das ist nicht entscheidend. Ich kann das vor allem deshalb, weil man mir abnimmt, was ich sage. Ich habe nie etwas versprochen, was ich nicht eingehalten habe. Meine Partner – ob AachenMünchener oder Deutsche Bank – können bis zum heutigen Tag erkennen, dass meine strategischen Entscheidungen richtig waren. Gleiches gilt für meine Vermögensberater. Und dass vor allen Dingen meine Entscheidungen besser waren als die der anderen. So bin ich zum Beispiel zum Vater der Fondsgebundenen Lebensversicherungen geworden.

Sind Sie beim Motivieren vielleicht deshalb so erfolgreich, weil die Mitarbeiter wissen, der Dr. Pohl hat das selbst alles einmal gemacht?

Ja, das ist die Voraussetzung. An der Spitze sollte, wie mir auch von einem Chef der Allianz einmal bestätigt wurde, nur jemand stehen, der selber schon Versicherungen verkauft hat.

Ich weiß, dass meine Söhne das erkannt haben und auch berücksichtigen werden.

Sie sprechen von der Firma als Familie. Nun haben Familien auch Rituale. Ich erinnere mich an eine Ihrer Großveranstaltungen mit einem Aufmarsch von Fahnenträgern, an sehr emotionale Reden, an ein für den Außenstehenden schwer verständliches Wir-Gefühl. Können Sie nachvollziehen, dass das auf manchen befremdlich wirkt?

Ja. Aber die Seele der Mitarbeiter will eben auch gepflegt werden. Heutzutage wird auch auf deutschen Parteitagen mit solchen Inszenierungen das Gemeinschaftsgefühl gefördert. Sehen Sie, wir sind durch ganz schwere Zeiten gegangen, wir sind von anderen in der Branche und auch von Medien bekämpft worden. Heute genießen wir einfach, dass wir es geschafft haben, zusammen geschafft haben. Aber natürlich gibt es Grenzen. Ich würde bei einer solchen Veranstaltung nicht auf einem Elefanten in den Saal reiten.

Sie bezeichnen nicht nur die Firma als Familie. Sie sind auch ein Familienunternehmen und wollen es auf alle Fälle auch bleiben. Hat diese Struktur keine Nachteile?

Es gibt nichts, was nur Vorteile hat. Aber die Vorteile in der heutigen Zeit überwiegen. Nehmen Sie die Mitarbeiter, gerade jetzt, wo überall Sorge um die Arbeitsplätze herrscht. Bei uns weiß jeder: Verhalte ich mich anständig – und es ist ein Teil meiner Strategie, dass ich die Schlechten aussondere –, berate ich meine Kunden richtig, dann kann ich hier bleiben. Die Firma wird nie verkauft werden, daran glauben meine Vermögensberater, weil sie wissen, dass ich mein Lebenswerk von null aus aufgebaut habe.

Und die Nachteile?

Die Hauptschwäche des Familienunternehmens besteht darin, dass Erbschaftssteuer gezahlt werden muss. Ein Familienunternehmen wird von der Steuergesetzgebung anders behandelt als andere Unternehmen. Außerdem ist ein Familienunternehmen davon abhängig, dass auch Mitglieder der Familie an der Spitze stehen. Ich habe das Glück, zwei Söhne zu haben und inzwischen auch sieben Enkel.

Aber Sie würden den Sitz der Holding nicht ins Ausland verlegen, um die Erbschaftssteuer zu sparen?

Nein, nein. Das würde ich nie tun. Vielleicht wäre es sinnvoll, aber ich habe es nicht vor. Ich glaube, da müsste ich selbst ins Ausland gehen. Und das will ich mir in meinem Alter nicht mehr antun. Wir sind hier verwurzelt.

Ihre berufliche Tätigkeit hat noch in den Aufbaujahren begonnen, und Sie haben sich in den siebziger Jahren, als vieles im Umbruch war, selbständig gemacht. Würden Sie das nochmals wagen?

Ich muss zugeben, dass ich 1975 zunächst gar nicht den Mut hatte, mich selbständig zu machen. Meine Frau hat mich schließlich dazu gebracht. Ich würde es heute wieder so machen, ganz sicher.

Wäre Ihr unternehmerischer Erfolg heute wiederholbar? Mit anderen Worten: Könnte heute noch jemand kommen, ein Unternehmen wie die DVAG gründen und einen ähnlichen Erfolg haben?

Nein, ich glaube nicht, dass es jemandem gelingen würde, nochmals ein ebenso erfolgreiches wie unvergleichliches Unternehmen in Deutschland aufzubauen.

Und warum nicht?

Weil dazu nicht nur Visionen gehören, wie ich sie hatte. Es kamen auch besondere Umstände hinzu. Ich habe zum Beispiel 1970 die Chance erfasst, die das 3. Vermögensbildungsgesetz eröffnet hat. Ohne dieses Gesetz, das bei der Vermögensbildung im Rahmen des 624-Mark-Gesetzes erstmals auch die Lebensversicherung und das Bausparen förderte, hätte ich die Bonnfinanz gar nicht so schnell aufbauen können. Und heute sind wir begünstigt durch die Entwicklung in der gesetzlichen Rentenversicherung. Und dadurch, dass inzwischen jeder weiß, ohne private Vorsorge geht es nicht mehr: Hilf dir selbst, dann hilft dir Gott; tust du nichts, dann gnade dir Gott.

Trotzdem: Warum soll nicht ein neuer Wettbewerber auftreten? AWD und MLP sind ja auch erst nach der DVAG gekommen.

Sicherlich können immer neue Anbieter kommen, vor allem solche, die sich auf bestimmte Teilmärkte konzentrieren. Die Frage ist aber, ob sie so groß werden könnten, wie wir sind. Sie müssen da immer auch die Interessenlage der Anbieter im Auge haben, also der Versicherungen, Bausparkassen und Banken. Die AachenMünchener lebt in gewisser Weise von uns. Auch die Deutsche Bank könnte es sich nicht leisten, ihre Produkte über eine andere Gesellschaft zu vertreiben, wenn sie uns nicht verlieren will. Ich habe auch keine Sorge, dass unsere Partner auf solche Ideen kommen könnten. Warum sollten sie auch? Meine Partner haben ja die ideale Chance erkannt, dass wir ihnen das Wichtigste abnehmen, nämlich den Vertrieb. Und dass wir da besser sind als andere. Wir liefern ihnen die Verträge sozusagen schrankfertig. Das ist für unsere Partner geradezu ein Gottesgeschenk. Ich bin schon der Meinung, dass ich hier etwas auf den Weg gebracht habe, was Bestand hat, was eine enorme Basis hat. Wir haben Milliarden investiert in den Aufbau der Infrastruktur, der Berufsbildungszentren, in die Technologie. Ich kann mir nicht vorstellen, dass eines Tages jemand kommt und uns unsere Position als Marktführer erfolgreich streitig macht. In Deutschland allemal nicht. Hier sehen wir uns als uneinholbar.

Ist es für einen Mann Ihrer politischen Einstellung nicht geradezu grotesk, dass der SPD-Arbeitsminister Walter Arendt mit dem 624-Mark-Gesetz Ihnen den Boden bereitet hat …

… richtig!

… und dass die falschen Rentenversprechungen Gerhard Schröders ebenso wie die Riester-Rente der rot-grünen Koalition Ihnen neue Kunden zugeführt haben. Insofern haben Ihnen die falschen Parteien unternehmerisch geholfen.

(Lacht.) So ist es. Ich müsste eigentlich Mitglied der SPD werden.

2
Der Mensch

»Ohne meine Frau gäbe es die DVAG nicht«

Ihr Lebenslauf spiegelt große Teile der deutschen Geschichte des 20. Jahrhunderts wider. Sie waren im Krieg noch Flakhelfer und Soldat, wurden aus dem Sudetenland vertrieben, mussten aus der Sowjetisch Besetzten Zone fliehen, haben die Wirtschaftswunderjahre aktiv mitgestaltet. Wie hat Sie das geprägt?

Gerade in jungen Jahren haben gewisse Ereignisse eine nachhaltige Wirkung. In den Jahren bis zu meinem 20. Geburtstag, als ich schließlich in Marburg landete, folgte ein einschneidendes Erlebnis dem anderen. Ich stand immer wieder vor unerwarteten Situationen, die überwiegend negativ waren, als Krise gesehen werden mussten. Solche Erlebnisse wirken wie eine Art Impfung, möchte ich mal sagen.

Das macht einen härter.

Nach dem Motto: Wenn du das bestanden hast, wirst du auch anderes überstehen. Es macht einen also auch zuversichtlicher.

Könnte man sagen, wenn Reinfried Pohl unter anderen Verhältnissen, ohne Krieg aufgewachsen wäre, wäre er nicht ein so erfolgreicher Unternehmer geworden?

Das sehe ich auch so.

Sie wurden in Zwickau im Sudetenland geboren, haben dort die Kindheit verbracht. Als Sie zehn Jahre alt waren, kam diese Region durch das Münchner Abkommen »heim ins Reich«, wie das damals hieß.

Ich kann mich ganz genau an die Zeit vor der Eingliederung 1938 erinnern. Diese Kindheitseindrücke hatten zur Folge, dass ich mich in meinem Leben stets für politisches Geschehen interessierte. Ich habe schon als Schüler mit sechs Jahren erleben müssen, dass mir etwas abverlangt wurde, was ich nicht wollte, beispielsweise in der deutschen Schule die tschechische Sprache zu lernen. Ich erlebte, dass wir Angst haben mussten, wenn wir weiße Kniestrümpfe trugen, denn das war für die Tschechen ein Affront, eine Provokation. Ich machte als Kind schon Wahlkämpfe mit, ich musste Plakate kleben. So wurde ich ganz früh in die Politik einbezogen. Politisiert wurde ich auch dadurch, dass mein Vater Beamter in der Finanzbehörde gewesen und in den zwanziger Jahren entlassen worden war, weil alle diese Positionen von Tschechen besetzt wurden.

Also hat Politik zu Hause eine Rolle gespielt?

Ja, im Sinne von »heim ins Reich«.

Sie sind also in einem national gesinnten Elternhaus aufgewachsen.

Genau.

Was machte Ihr Vater nach dem Verlust der Beamtenstelle?

Er wurde kaufmännischer Angestellter und kümmerte sich bis zum Krieg um die Buchhaltung einer großen Weberei.

Wie ging es zu Hause zu? Im Wohlstand lebten Sie sicher nicht?

Absolut nicht. Mein Vater hatte acht Geschwister, fast alle handwerklich tätig, Schneider, Bäcker und ähnliche Berufe. Keiner hatte jemals ein Gymnasium oder eine Universität von innen gesehen.

Aber Sie litten keine Not?

Not nicht. Ich hatte zwei Geschwister, war der Jüngste. Die Brüder waren sieben und vier Jahre älter, beide machten den ganzen Krieg mit und waren hinterher viele Jahre in Gefangenschaft. Der eine bekam dort Malaria und starb schon recht früh an den Folgen, als er 50 Jahre alt war. Auch der zweite Bruder lebt nicht mehr.

Erzählen Sie doch mehr von Ihren Eltern. Was haben sie Ihnen mitgegeben?

Da muss ich unterscheiden. Von meinem Vater habe ich weniger mit auf den Weg bekommen können. Er wurde 1945, bei Kriegsende, als Sudetendeutscher sofort verhaftet und nach Bautzen verschleppt. Dort ist er umgekommen. Meine Mutter war viel prägender, ohne sie hätte ich meinen erfolgreichen Weg nicht beschreiten können. Sie und ich, wir beide allein, so fing es an nach Kriegsende.

Zunächst sind Sie noch in Zwickau zur Schule gegangen.

In die Volksschule Zwickau. Wir hatten vor- und nachmittags Unterricht, nur Mittwoch- und Samstagnachmittag frei. Dann kam ich in die Oberschule in Böhmisch-Leipa.

Diese Schulzeit fand dann ja ein abruptes Ende.

Das kann man sagen! Im Februar 1944 wurde ich mit der Klasse als Luftwaffenhelfer eingezogen und kam nach Prag. Als Richtkanonier hielt ich am Rande der Stadt zur Sicherung eines Flugplatzes die Stellung. Es gab Tag für Tag wenig zu essen, meist eine Ration Suppe, aber auch Zigaretten. Ich habe meine Zigaretten regelmäßig gegen einen Teller mehr Suppe eingetauscht. So wurde ich als Flakhelfer zum Nichtraucher. Diese Zeit werde ich nie vergessen: Wir lebten in überdachten Erdlöchern, es war gefährlich, die vielen Bomber, die herabfallenden Granatsplitter der großen Flakgeschütze. Ich habe zum ersten Mal ein Gefühl für Lebensgefahr empfunden.

Gab es in der Flakstellung unter Ihren Klassenkameraden Verluste?

Gott sei Dank, nein. Allerdings kehrten eines Abends zwei Kameraden aus Prag nicht zurück. Sie wurden Opfer tschechischer Widerstandskämpfer.

Wie haben Sie das Dritte Reich eigentlich erlebt?

1938, das war für uns die Befreiung von tschechischer Vorherrschaft. Und dann kam ja der Krieg. Als Jugendlicher hat man eigentlich vor allem den Wunsch gehabt: Hoffentlich gewinnen wir den Krieg.

Waren Sie in der Hitlerjugend?

Natürlich. Kurze Zeit, wie alle. In so einer kleinen Stadt wie Zwickau mit gerade 4000 Einwohnern war es selbstverständlich.

Waren Sie von Hitler begeistert?

Ich war begeistert, hatte aber nie das Gefühl gehabt, dass da etwas Unrechtes geschieht. Und ich habe noch relativ lang an den Sieg geglaubt. Wir Jugendlichen erlebten das Auftauchen der ersten Raketen und Düsenjäger mit und dachten, das sind die viel beschworenen Wunderwaffen.

Sie mussten ja noch als Panzergrenadier an die Ostfront.

Die Front war damals in Schlesien. Wir hatten den Befehl, russische Panzer mit der Panzerfaust zu bekämpfen, vom Fahrrad aus. Das war eine besonders prägende Zeit: die Angst beim Vorrücken der Russen – wer eine Fahrradpanne hatte, war verloren. Da habe ich den Tod Tag für Tag kennen gelernt. Ich gehörte nicht unbedingt zu den Menschen, die sich unnötigerweise in Gefahr begeben. Ich habe aber miterlebt, dass Kameraden sich in Lebensgefahr begeben haben, weil sie um jeden Preis einen Panzer abschießen wollten, nur damit sie das Eiserne Kreuz erhalten.

Die haben ihr Leben für eine Auszeichnung riskiert?

Ja. Da habe ich gelernt, wie wichtig für viele Menschen eine Auszeichnung ist.

Wann war für Sie der Krieg zu Ende?

Das war paradox. Ich gehörte der Heeresgruppe Schörner an. Wir haben von der Kapitulation am 8. Mai 1945 nicht sofort etwas mitgekriegt. Wir fühlten uns immer noch im Krieg. Wir kamen an toten Soldaten vorbei, die noch in letzter Minute als Deserteure hingerichtet worden waren. Da haben wir nicht den Mut gefunden, die Panzerfaust und den Karabiner wegzuwerfen und in Richtung Westen, zu den Amerikanern, zu gehen. In der Nacht zum 10. Mai legte ich mich mit einem Kameraden todmüde in einer Scheune zum Schlafen nieder, und als ich zwischendurch aufwachte, fand ich lauter polnische und russische Soldaten neben mir. Sie waren noch müder als wir und haben uns nicht als Deutsche erkannt. Da wusste ich, jetzt darfst du den Karabiner liegen lassen, und General Schörner kann dich nicht mehr umbringen lassen. Gott sei Dank waren wir nur 20 Kilometer von meinem Heimatort entfernt. So bin ich nach Hause – und nicht in Gefangenschaft gekommen.

Da hatten Sie großes Glück.

Ja, das hatte ich. Ich glaube nicht an Zufälle, aber an das Glück.

Wie war damals Ihre Gemütslage? Haben Sie gedacht, das ist eine furchtbare Niederlage für Deutschland? Oder dachten Sie: Gott sei Dank, es ist vorbei?

Ich habe mir gesagt, Gott sei Dank bist du nicht mehr in Lebensgefahr. Aber natürlich wollten wir auf keinen Fall in russische Gefangenschaft geraten. Ich bin im Morgengrauen noch in Uniform durch die Wälder nach Hause gelaufen und kam mit blutenden Füßen in Zwickau an.

Da waren Vater und Mutter daheim?

Den Vater haben wir nur einen Tag lang bei uns gehabt. Dann wurde er abgeholt wie alle, die in der Sudetendeutschen Partei waren.

Die Sudetendeutsche Partei war die Gruppierung, die für den Anschluss »heim ins Reich« gekämpft hatte.

Ja. Deren Mitglieder wurden von Russen und Tschechen gleich festgenommen. Sie durchsuchten unser Haus. Dort hing an einer Wand ein Bild von mir und Hitler, das meine Mutter vergessen hatte abzunehmen. Sie behauptete einfach, der Bub auf dem Foto sei gar nicht ich.

Sie und Hitler auf einem Foto?

Ja, das war tatsächlich so. Hitler reiste nach dem Münchner Abkommen am 6. Oktober 1938 ins Sudetenland. Vom sächsischen Löbau kommend, war seine erste Station unser Zwickau. Da gab es einen wunderschönen Marktplatz und das Rathaus, vor dem Hitler, der im offenen Wagen fuhr, von der Bevölkerung umjubelt wurde. Ein zehnjähriges Mädchen und ein gleichaltriger Hitlerjunge – das war ich – waren ausgesucht worden, dem Führer die Hand zu geben und den Strauß Blumen zu überreichen. Das Foto mit Hitler und mir war natürlich eine Sensation, denn Hitler war damals für die Sudetendeutschen wie Gott. Dieses Foto hatte deshalb einen Ehrenplatz in unserer Wohnung.

Sie wurden nicht wegen des Fotos verschleppt, aber lange in Zwickau bleiben konnten Sie auch nicht mehr.

Meine Mutter und ich, wir gehörten in unserem kleinen Ort zu den Ersten, die vertrieben wurden. Die Vertreibung in Zwickau begann Anfang Juni 1945. Wir wussten nicht, was mit dem Vater geschehen war, auch nicht, wo meine Brüder steckten – außer, dass sie in Gefangenschaft waren. An einem Nachmittag fuhren Lautsprecherwagen durch die Stadt, und es hieß, alle Einwohner ab einem bestimmten Alter müssten sich am nächsten Morgen an der Straße versammeln, die zur Grenze führt.

Sicher kein leichter Abschied für einen jungen Menschen.

Nein, gewiss nicht. Mitnehmen durften wir höchstens 30 Kilo Gepäck. Niemand hatte vorher geahnt, dass so etwas geschehen würde. Jetzt musste ich mich innerhalb weniger Stunden entscheiden, was nimmst du mit aus dem Haus, in dem du groß geworden bist, was packst du auf den Leiterwagen.

Und was haben Sie dann eingepackt?

Ein wenig Kleidung, meine Zeugnisse, ein paar Silbermünzen in Zahnpastatuben versteckt, Lebensmittel – sonst nichts.

Besitzen Sie noch etwas von dem, was Sie damals mitnahmen?

Ich habe neben Zeugnissen noch ein paar Fotos, auch aus der Zeit als Luftwaffenhelfer.

Und wie ging's weiter?

Wir mussten bis zur Grenze laufen, begleitet von Soldaten auf Pferden. Die Grenze zu Deutschland war glücklicherweise aber nicht weit weg, nur zwei Stunden. An der Grenze zu Sachsen hieß es, seht zu, wie ihr weiterkommt.

Da haben Sie auch wieder Glück gehabt.

Ja, auch weil die auf der sächsischen Seite gelegenen Dörfer noch nicht mit Flüchtlingen überfüllt waren. Wir fanden eine Unterkunft für wenige Nächte, bevor es in einem Viehwaggon per Eisenbahn weiterging, bis wir nach ein paar Tagen in Halle an der Saale landeten.

Wer hat diesen Zug der Vertriebenen organisiert?

Russische Soldaten, die in Sachsen stationiert waren.

In Halle kamen Sie wohl in ein Notquartier?

Wir wurden auf verschiedene Massenunterkünfte aufgeteilt. Dort stieß ich dann auf einige Schulkameraden. Anschließend kamen wir bei einem älteren Ehepaar unter, dem die Russen ein Zimmer weggenommen hatten.

Wovon hat Ihre Mutter in der Zeit gelebt?

Zuerst gab es ganz minimale Unterstützung für alle Flüchtlinge, eine Notverpflegung. Zum Glück hatte meine Mutter eine Ausbildung als Schneiderin gemacht und konnte perfekt nähen. So hat sie uns mit dem Nähen von Kleidern durchgebracht. Aber das ging nur zwei Monate lang gut, dann erkrankten wir beide lebensgefährlich. Es grassierte in Halle eine große Typhusepidemie. Meine Mutter wurde in ein Behelfskrankenhaus in einem früheren Gymnasium eingeliefert, ich kam ins Knappschaftskrankenhaus Carlsfeld. Allerdings musste ich erst einen Tag im Flur liegen und warten, bis ein Bett dadurch frei wurde, dass der, der drin lag, starb. Das Bett war noch warm, als ich da reingelegt wurde. Aber glücklicherweise gehörte ich zu den fünf Prozent, die die Epidemie in diesem Krankenhaus überlebten.

Und Ihre Mutter?

Ich wusste zuerst gar nicht, wo sie war. Erst nach Wochen hat meine Mutter mich gefunden. Sie gehörte auch zu den ganz wenigen, die überlebt haben. So kamen wir wieder in das kleine Zimmer bei dem älteren Ehepaar. Aber die Leute wollten uns eigentlich gar nicht mehr haben. In dieser Zeit begann allmählich der Kampf zwischen Einheimischen und Vertriebenen: Du bist Flüchtling und nicht erwünscht.

Das war dann im Herbst 1945. Und die Schule begann wieder.

Ja. Ich musste nun das Abitur machen. Wichtig dabei war, dass die Schule in Böhmisch-Leipa am 7. Mai, einen Tag vor der deutschen Kapitulation, mir das Abschlusszeugnis nach Hause geschickt hatte.

Das war wohl die mittlere Reife gewesen?

Mit Berechtigung für das Abitur. Das habe ich dann am 8. März 1947 gemacht.

Ich stelle es mir nicht ganz einfach vor, wenn man an der Front war und muss dann wieder die Schulbank drücken.

Weiß Gott, das war nicht einfach. Aber ich wollte es, und es war auch der Wunsch meiner Mutter. Ihr habe ich nebenbei noch geholfen, beim Zuschneiden. Aber das war schon ein Hungerleben, das wir da geführt haben.

Die Mutter arbeitete auf eigene Rechnung?

Sie ist einfach zu Nachbarn gegangen und hat Kleider genäht oder geändert.

Haben Sie noch Erinnerungen an die Schulzeit?

Ich habe immer Schwierigkeiten mit Latein gehabt. Das war mein Schreckensfach. Mein Lateinlehrer auf der Oberschule im Sudetenland hatte als Hobby die Stenographie. Er fragte uns, wer denn freiwillig einen Kurs mitmachen wolle. Da habe ich mich gemeldet – in der Hoffnung, beim Latein besser wegzukommen. Das war ein Volltreffer! Ich war in Steno der Beste, und in Latein habe ich eine Drei gekriegt, obwohl ich eine Fünf verdient gehabt hätte.

Da sieht man, wozu Stenographie gut sein kann.

Steno hat mir im späteren Leben viel geholfen. Aber inzwischen habe ich es verlernt. Genauso wie das Tschechisch. Im Herbst 1945, als ich wieder zur Schule ging, traf ich dann auf den nächsten Lateinlehrer. Der hatte jedoch mit Stenographie nichts im Sinn, der wollte eine Partei gründen.

Was für eine Partei?

Eine liberale, antikommunistische Partei. Als er sich am ersten Schultag nach meiner Herkunft erkundigte, sagte ich, mein Vater wurde von den Russen verschleppt, und wir wüssten nicht, ob er noch lebt. Das hat ihn beeindruckt. Wir hatten ja bis dahin, und auch später, kein Lebenszeichen erhalten.

Seit wann wissen Sie, dass und wie Ihr Vater umgekommen ist?

Genau weiß ich das erst seit dem Frühjahr 2004. Ein Mitarbeiter von mir hat in Bautzen die Akten entdeckt. Der Vater war in einem Massengrab verscharrt worden.

Wann starb er?

Im Februar 1946. Er war schwer krank und ist nicht behandelt worden.

Ihre Mutter und Sie hatten doch sicher lange gehofft, der Vater würde eines Tages einfach vor der Tür stehen.

Meine Mutter gab jahrelang die Hoffnung nicht auf, und ich mit ihr. Es fehlten damals in der Familie ja drei Männer: der Vater und die beiden Brüder.

Wenn der Vater verhaftet und verschleppt wurde, weil er politisch engagiert war, dann sagen Kinder oft: Politik? Auf keinen Fall!

Das hat sicher auch mich geprägt. Ich wollte eigentlich nie aktiv in die Politik.

Aber mit 17 Jahren gehörten Sie dann doch zu den Gründern der Liberal-Demokratischen Partei, der LDP, in Halle.

Das lag eindeutig an dem Lehrer. Als er sagte, es handle sich um eine antikommunistische Partei – nun, ich will nicht von Rache reden, aber diese Ausrichtung war ein Motiv für mich. Und zweitens, als Schüler dachte ich mir: Mit einem Lateinlehrer hat es schon einmal geklappt! (Lacht.) Und so wurde ich zum Mitbegründer der LDP in der SBZ.

Und wenn der Lehrer gesagt hätte, wir gründen eine sozialdemokratische Partei?

Da hätte ich nicht mitgemacht. Aber die Liberal-Demokraten, die interessierten mich schon. Also sagte ich dem Lehrer zu. Ich wollte keine große Verpflichtung eingehen, sondern dem Lehrer einen Gefallen tun. Und mir. Aber wie das im Leben manchmal so geht: Ich bekam Gefallen an der Politik und wurde Vorsitzender der Jungen Liberalen in Sachsen-Anhalt.

Sie haben nicht studiert. Warum?

Ich stellte nach dem Abitur sofort einen Antrag auf Zulassung zum Studium. Ich wollte Jura studieren, weiß der Kuckuck, warum. Aus Jux und Tollerei hatte ich beim Abitur als Berufswunsch noch Förster angegeben. In meinem Reifezeugnis steht: Pohl will die höhere Forstlaufbahn einschlagen. Dabei kann ich keinem Tier was zuleide tun. So meldete ich mich dann für Jura, wurde aber wegen meines Vaters nicht zugelassen. Da unterschrieb ich dann einen Anstellungsvertrag mit der Liberal-Demokratischen Partei, als Landesjugendsekretär von Sachsen-Anhalt.

Hauptberuflich?

Ja. Ich war der Wolfgang Mischnick von Sachsen-Anhalt, sozusagen. Der machte nämlich dasselbe in Sachsen.

Wurde das ordentlich bezahlt?

Ich habe zunächst die Arbeit überwiegend von zu Hause aus gemacht, bekam 225 Mark monatlich.

Da müssen Sie auch Hans-Dietrich Genscher begegnet sein?

Ja, das schon. Er und ich, wir wohnten in demselben kleinen Ort Reideburg in der Nähe von Halle. Aber politisch war der damals noch gar nicht aktiv, er trat erst nach mir in die Partei ein.

Im Grunde war Ihr Amt als Landesjugendsekretär die ideale Startposition für die Karriere eines Berufspolitikers. Haben Sie jemals mit dem Gedanken gespielt?

Nie. Aber die Parteiarbeit war abwechslungsreich, wir machten viel Wahlkampf. Ich kam sogar in den Vorstand der LDP. An der Nichtzulassung für das Jurastudium änderte sich derweil nichts. Ich musste ein- bis zweimal pro Woche zur sowjetischen Militär-Administration SMA und hatte über alles zu berichten, was ich so machte. Weil Sachsen-Anhalt als einziges Land in der SBZ eine bürgerliche Mehrheit hatte, wurden wir natürlich von den Russen besonders beobachtet. Diese ständigen Verhöre werde ich nie vergessen.

Ihre damalige hauptamtliche Parteitätigkeit hatte schon etwas damit zu tun, Leute von einer Idee zu überzeugen?

Ja, das kann man so sagen: Ich habe Mitglieder geworben, vor allem junge. Das hatte schon eine gewisse Ähnlichkeit mit dem Verkaufen.

Sie mussten schließlich fliehen, sind einer Verhaftung zuvorgekommen.

Das auch wieder aus purem Glück. Ich war Ende August 1948 mit einem Freund in Berlin bei der Bundesvorstandssitzung der LDP, in meiner Eigenschaft als Vorsitzender der Jungen

Liberalen und Betreuer der Hochschulgruppe. An diesem Tag wurde in Halle jeder, der zur Liberal-Demokratischen Hochschulgruppe gehörte, verhaftet. Es gab nur eine Ausnahme: Hans-Dietrich Genscher. Er wurde nicht verhaftet, er durfte sogar weiterstudieren.

Was folgt daraus?

Eine Schlussfolgerung überlasse ich anderen.

Sie jedenfalls hat die Reise nach Berlin gerettet?

Ja, sonst wäre ich sicher auch verhaftet worden. Ich wurde dort zunächst von der Westberliner FDP betreut. Das war die Zeit der Berlin-Blockade. Von dort bin ich in einem der allerersten Rosinenbomber der Luftbrücke aus Westberlin ausgeflogen worden. Im Flugzeug gab es keine Sitze. Wir saßen auf dem Boden, wo sonst die Säcke mit der Kohle lagen.

Damals konnte man aber doch noch über die offenen Grenzen zwischen den Besatzungszonen gehen.

Nein, ich nicht. 1948 hatte ich keine Chance mehr. Ich war in höchster Gefahr, weil überall nach mir gesucht wurde.

Wohin sind Sie ausgeflogen worden?

In die britische Besatzungszone zum Flughafen Hannover/Celle. Ich wollte aber in die amerikanische Zone nach Gießen, zu meinem älteren Bruder, der inzwischen aus russischer Gefangenschaft zurückgekehrt war. Er hatte dort mit seiner Frau eine Wohnung. Deshalb setzten mich die Amerikaner in Hannover in den Zug. Ich besaß aber keine Papiere, um von einer

Zone in die andere zu fahren. Und am Abend bei der Kontrolle in Kassel fiel das Fehlen der Papiere auf. Ich wurde verhaftet und musste bis zum nächsten Morgen warten, dass ich durchgelassen wurde.

Die Mutter blieb in der SBZ zurück?

Sie ist ein Jahr danach über die grüne Grenze im Harz geflohen und kam dann zu mir nach Marburg, wo ich mittlerweile wohnte. Die hessische FDP hatte mir schnell weitergeholfen. Mischnick war schon vor mir nach Hessen geflohen. Auch FDP-Landesgeschäftsführer Victor-Emanuel Preusker, der spätere Wohnungsbauminister im Kabinett Adenauer, setzte sich für mich ein. Ich wollte nach Marburg zum Studieren, habe sofort die Aufnahmeprüfung gemacht und begann im Herbst 1948 mit dem Studium.

Und warum Jura?

Alles andere behagte mir nicht, und ich hatte mich ja auch schon in Halle für Jura entschieden. Ich spürte nie Interesse an naturwissenschaftlichen Fächern wie Chemie oder Physik.

Sie haben in Marburg studiert, 1953 Ihr Examen gemacht und gleich noch promoviert.

Das ging in Rekordzeit: Staatsexamen im März, das Thema der Doktorarbeit stand Anfang Mai fest, und schon am 3. Dezember bestand ich die mündliche Prüfung. Es war ein sehr glücklicher Tag für mich.

Lässt sich daraus schließen, dass materieller Druck die Leistungsfähigkeit fördert?

So ist es wohl.

Von irgendwas mussten Sie ja leben.

Ich habe als Werkstudent gearbeitet, war lange Zeit Buchhalter bei einem Farbengroßhändler.

Und politisch?

In der Freien Demokratischen Partei, besonders in der FDP-Hochburg Marburg, war ich mit meiner SBZ-Vergangenheit ein gern gesehener junger Mann. Und im AStA an der Uni war ich in Zusammenarbeit mit der Stadtverwaltung für die gesamte Wohnungsvergabe an Studenten zuständig. So kam auch ich zu einer kleinen Wohnung und musste nicht länger zwischen Gießen und Marburg pendeln. Dann ist meine Mutter nachgekommen.

Sie waren umgeben von Studienkollegen, die es politisch zu etwas brachten, so der spätere sozialdemokratische Bundesjustizminister Gerhard Jahn oder der spätere SPD-Bundesvorsitzende Jochen Vogel. War Alfred Dregger, der in den siebziger Jahren die hessische CDU zur stärksten Kraft gemacht hat, auch dabei?

Ja, den lernte ich da auch kennen. Wir waren alle sehr stark politisch engagiert. Ich war damals der Boss der Jungliberalen und zudem Chef der Liberalen Hochschulgruppe. Damals habe ich auch den Liberalen Hochschulbund für ganz Deutschland mitgegründet. Für Wolfgang Mischnick, der bei der FDP in Frankfurt angestellt war, bezahlte ich immer die Tasse Kaffee, wenn er nach Marburg kam. Er hatte noch weniger Geld als ich.

Aber das Studium hat unter diesen Aktivitäten offenbar nicht gelitten. Wie lautete eigentlich das Thema Ihrer Doktorarbeit?

Sie hatte einen recht brisanten politischen Inhalt: Der Sozialisierungsartikel 41 in der hessischen Verfassung. Ich kam zu dem Ergebnis, dass er rechtsunwirksam ist.

Es ist doch unter Juristen unstrittig, dass Bundesrecht Landesrecht bricht.

Die Fragestellung war eine andere, nämlich: Kann der Staat qua Verfassung enteignen oder bedarf es zusätzlich noch eines Gesetzes?

Es gibt im Leben des Menschen zwei wichtige Entscheidungen: die Wahl des Berufs und die Wahl des Ehepartners. Wie lernten Sie Ihre Frau kennen?

Eines Tages ging ich mit einem Sohn des FDP-Kreisvorsitzenden in ein Marburger Café, und dort begegnete mir meine spätere Frau. Sie war die Tochter des Konditoreiinhabers.

Sie bediente im Café der Eltern?

Wenn Not am Mann war, ja. Sie half schon von Kindheit an mit. Kennen gelernt haben wir uns im Mai 1957, ich war 29, sie 19.

War es die Liebe auf den ersten Blick?

Auf beiden Seiten! Es war aber nicht einfach. Ich war in Marburg, das kann man sagen, ein Exot. Ich kam als sudetendeutscher Flüchtling und Katholik in diese stockprotestantische Stadt. Zudem hatte ich nichts. Ich war damals schon beim Gerling-Konzern tätig, bekam 500 Mark monatlich, in den Augen meiner möglichen Schwiegereltern viel zu wenig, um eine Frau zu ernähren. Außerdem hielten sie mich für zu alt. Obendrein wollte mein späterer Schwager seine Schwester unbedingt mit seinem engsten Freund verheiraten. Das war schon ein harter Kampf. Aber ich habe ihn sehr schnell gewonnen. An ihrem Geburtstag, Anfang September 1957, haben wir uns verlobt und im Juni 1958 geheiratet.

Dann können Sie 2008 Goldene Hochzeit feiern. Was schätzen Sie an Ihrer Frau am meisten?

Dass sie immer Verständnis für mich gehabt, mir immer zur Seite gestanden hat, auch in schwierigen Zeiten. Und schwierige Zeiten, die hatte ich leider öfters durchzumachen.

Was, glauben Sie, schätzt Ihre Frau an Ihnen besonders?

Sie schätzt an mir, dass ich – na ja, so etwas ist nicht einfach zu beantworten. Wahrscheinlich, dass ich nie aufgebe im Leben, beharrlich meine Ziele verfolge. Übrigens bin ich Stier, meine Frau hat das Tierkreiszeichen Jungfrau, das soll eine ideale Kombination sein.

Es gibt den schönen Spruch: Hinter jedem erfolgreichen Mann steht eine Frau, die ihm sagt, was er zu tun hat. Ist Ihre Frau auch Ihre Ratgeberin?

Sie hat entscheidend dazu beigetragen, dass es den Konzern Deutsche Vermögensberatung überhaupt gibt. Ich hatte 1975, nach meinem Ausscheiden bei der Bonnfinanz, nicht mehr die Absicht, noch einmal in die Vermögensberatung einzusteigen. Ich dachte eher an Unternehmensberatung oder an eine Universitätsprofessur. Aber damals sagte meine Frau: »Du kannst deine Leute nicht im Stich lassen. Riskiere einen Neuanfang, ich helfe dir dabei.«

Sie haben immer die Bedeutung einer intakten Familie betont. Was zeichnet eine gute Ehe aus?

Dass man gegenseitig Verständnis hat, Rücksicht auf die Interessen des anderen nimmt, einfach alles gemeinsam machen will.

Etwas ketzerisch gefragt: Hat Ihre Frau mehr Rücksicht auf Sie genommen oder Sie mehr auf Ihre Frau?

Es gab solche und solche Zeiten; verschiedene Lebensabschnitte eben. Ich bin ihr unendlich dankbar, dass sie mir die Freiheit ließ, meine Visionen zu verwirklichen. Wir haben dazu auch auf manches verzichten müssen, auf manchen Urlaub zum Beispiel. Sie hat mir in einem wichtigen Punkt bei meinem unternehmerischen Erfolg geholfen: Sie hat nämlich meinen Mitarbeitern vorgelebt, wie wichtig es ist, dass die Frau den Mann unterstützt.

War Ihre Frau immer in das Unternehmen involviert?

Sie war immer dabei, von der ersten Stunde an, aber nicht aktiv im Unternehmen. Mit einer wichtigen Ausnahme: Sie hat in eigener Verantwortung die vielen Ausbildungs- und Begegnungsstätten für unsere Vermögensberater im In- und Ausland gestaltet. Dafür wird sie auch sehr bewundert. Aber nicht nur deshalb erhält sie bei unseren Veranstaltungen für ihren Einsatz im Unternehmen immer wieder allergrößten Beifall. Darüber freue ich mich ganz besonders.

Jetzt ist sie aber in der Holding.

Ja, in der Geschäftsführung und natürlich als Anteilseignerin. Aber sie ist nicht ins Tagesgeschäft der AG einbezogen. Ich war übrigens immer überzeugt: Wenn du Erfolg haben willst, musst du den Lebenspartner mit einbeziehen. Gott sei Dank war meine Frau dazu immer bereit.

In gewisser Weise war Ihre Frau – 1959 kam der erste Sohn, fünf Jahre später der zweite – eine verheiratete Alleinerziehende, oder?

Ja, vor allen Dingen in den fast neun Jahren, als ich in Bonn war und nur am Wochenende nach Hause kam. Zusätzlich hatte meine Frau noch die Betreuung meiner Mutter übernommen. Es ist bekanntlich nicht immer leicht, mit der Schwiegermutter unter einem Dach zu leben. Aber meine Frau hat das wunderbar hingekriegt. Ich bin ihr dafür unendlich dankbar, denn ich habe meiner Mutter sehr viel zu verdanken.

Was haben Sie eigentlich Ihren Söhnen mitzugeben versucht?

Das ist ein ganzes Bündel. Für mich ist insbesondere der Leistungsgedanke wichtig. Doch habe ich nie verlangt, dass meine Söhne etwa in das Unternehmen eintreten sollten. Ich habe nie Zwang ausgeübt, sondern immer die beste Erziehungsmethode verfolgt: dass sich Kinder an den Eltern ein Beispiel nehmen.

Von Pestalozzi stammt die Definition, Erziehung ist zur Hälfte Liebe und zur Hälfte Vorbild.

Richtig. Da stehe ich hundertprozentig dahinter.

Haben Sie die Söhne sehr stark zur Leistung angespornt?

Nein. Ich habe gesagt: Ob ihr Kinder eine Eins oder eine Fünf von der Schule nach Hause bringt, hat keinen Einfluss auf meine Liebe. Aber ich sage euch: Bei einer Fünf bin ich enttäuscht, weil ich überzeugt bin, dass dies nicht nötig ist.

Sie sind in bescheidenen Verhältnissen aufgewachsen.

Ich bin auch bescheiden geblieben. Wir wohnen heute noch in dem Haus, das wir 1960/61 für 145 000 Mark gebaut haben und für das wir uns hoch verschuldet haben. Da schüttelt heute mancher den Kopf, was mich aber nicht stört.

Im Gegensatz zu Ihrer Jugend in Nordböhmen sind Ihre Söhne im Wohlstand aufgewachsen.

Und ob!

Ist das für Kinder gut oder schlecht?

Meine Söhne haben auch schwierige Jahre miterlebt. Zum Beispiel 1975, als ich bei der Bonnfinanz ausgeschieden bin und wir um unsere Existenz bangen mussten. Ich war damals 47 Jahre alt und stand praktisch vor dem Nichts. Unsere Söhne waren ja in dieser Zeit gerade 10 beziehungsweise 15 Jahre alt. Sie haben meiner Frau und mir tapfer zur Seite gestanden. Dies hat die beiden zusammengeschweißt.

Wenn der Vater sehr erfolgreich ist, haben die Söhne – weniger die Töchter – oft Probleme mit dem großen Vorbild, weil sie sagen: Das können wir nie erreichen. Hat das auch bei Ihren Söhnen eine Rolle gespielt?

Meine Söhne sind mit dieser Situation bewundernswert gut fertig geworden. Sie genießen bei allen unseren Vermögensberatern allergrößten Respekt. Aber nicht etwa deshalb, weil sie meine Söhne sind; diesen Respekt haben sie sich vielmehr erarbeitet.

Ein Erfolg der Erziehung?

Ich denke schon.

Worauf haben Sie bei der Ausbildung der Kinder besonders geachtet?

Dass sie, so wie ich, möglichst unabhängig werden, dass sie Eigenständigkeit beweisen. Aber, wie gesagt, ich habe sie nicht auf eine bestimmte Spur gezwungen. Als Andreas, der immerhin fast fünf Jahre jünger ist als sein Bruder, keine Zeit durch ein langes Universitätsstudium verlieren wollte und auch keine Lust dazu hatte, habe ich ihm geraten, doch eine Ausbildung zum Versicherungskaufmann zu machen, und zwar bei der AachenMünchener. Ich habe gesagt: Dann lernst du nicht nur unseren wichtigsten Produktpartner kennen, sondern zugleich auch, was es heißt, Versicherungen an den Mann zu bringen. Und das hat er dann mit Erfolg gemacht.

Bei zwei Söhnen besteht immer die Gefahr der Rivalität.

(Lacht.) Immer noch besser zwei als drei. Aber im Ernst: Ich habe immer den Zusammenhalt zwischen beiden gefördert, als Voraussetzung, das Erbe, das ich hinterlasse, überhaupt zu meistern. Obwohl Reinfried den Diplomkaufmann gemacht hat, der Jüngere aber auf ein Studium verzichtet hatte, habe ich beide am selben Tag, es war der 1. Juli 1984, in mein Unternehmen aufgenommen. Sie erhalten seither auf Heller und Pfennig das Gleiche. Jeder ist auf seine Art gleich gut. Bei der Arbeit im Unternehmen hilft ihnen, dass sie in einem Alter sind, welches vom Durchschnittsalter meiner Mitarbeiter nicht weit entfernt ist.

Der Durchschnitt ist …

… achtunddreißig. Die Führungskräfte sind etwas älter.

Ihre Söhne arbeiten in der Holding mit?

Ja, in der Holding und direkt auch operativ als Generalbevollmächtigte in der Deutschen Vermögensberatung AG. Jetzt schon seit über 20 Jahren. Sie sind in vielen Tochtergesellschaften als Geschäftsführer tätig und Mitglied in den Aufsichtsräten vieler unserer Partnergesellschaften. Sie festigen schon jetzt entscheidend mein Lebenswerk und werden es nach meiner aktiven Zeit weiter ausbauen. Dabei hilft, dass sie sich sehr gut verstehen und zusammenhalten. Ihnen kommt auch zugute, dass sie an meiner Seite enorme Erfahrungen sammeln konnten. Sie kennen sozusagen die Rezeptur unserer Erfolge aus unserem täglichen Miteinander. Ich brauche also nicht, wie etwa im Hause Underberg, Erfolgsgeheimnisse aufschreiben, um diese erst nach meinem Tode weiterzugeben.

Schwingt da väterlicher Stolz mit?

Ja, ich bin stolz auf meine Söhne.

Wo wären die beiden denn heute, wenn es die DVAG nicht gäbe?

Mein Sohn Andreas, der Jüngere, hätte wahrscheinlich mehr im technischen, der Reinfried eher im wissenschaftlichen Bereich eine befriedigende berufliche Tätigkeit gefunden.

Nicht unbedingt in der Finanzdienstleistung?

Das nicht. Da haben sie sich vom Vater hinführen lassen.

Und wenn jetzt einer sagte, er wolle letzten Endes doch was anderes machen, wäre das eine Enttäuschung?

Hätte einer das gesagt, bevor er in das Unternehmen eintrat, wäre ich nicht enttäuscht gewesen. Würde einer es jetzt sagen, wäre es eine Riesenenttäuschung. Mir ist aber schon klar: Das Leben, das ich führe, hätten sie für sich nicht akzeptiert. Es wäre eine andere Welt für sie.

Heute wollen Ehefrau und Kinder den Vater abends regelmäßig zu Hause sehen?

So ist es.

Als die Kinder noch klein waren, mussten sie den berufstätigen Vater oft genug daheim vermissen. Gab es zum Ausgleich irgendwelche familiären Rituale?

Sicher, wir hatten unsere Gewohnheiten, sind wegen der angegriffenen Gesundheit des Jüngeren grundsätzlich jedes Jahr ein paar Wochen an die Nordsee gefahren und waren an vielen Wochenenden im Sauerland. Dort hatten wir uns auf Anraten der Ärzte wegen der guten Luft in 600 Metern Höhe eine kleine Ferienwohnung zugelegt. Es war, trotz allem, ein enges Familienleben. Wir hatten zum Symbol der familiären Eintracht das vierblättrige Kleeblatt gewählt.

Sie haben immer viel gearbeitet, tun das auch heute noch. Sind Sie ein Arbeitssüchtiger, ein »Workaholic«?

Jein, müsste ich sagen. Was mich umtreibt: Ich verfolge noch immer ein Ziel, das ich noch nicht ganz erreicht habe – den Vermögensberater als Berufsstand zu etablieren, der nicht nur von den jetzt rund vier Millionen zufriedenen Kunden der Deutschen Vermögensberatung, sondern auch von allen anderen Menschen in Deutschland positiv gesehen wird. Versicherungsvertreter, was ist das schon, oder gar ein »Klopper«, ein »Drücker« – unter dieser Geringschätzung habe ich selber sehr gelitten. Obwohl ich doch letzten Endes bewiesen habe, dass einer, der bei null anfängt, großen Erfolg haben kann im Leben. Ich kann heute für mich in Anspruch nehmen, aus eigener Kraft alles erreicht zu haben – außer eben, dass die Tätigkeit des Vermögensberaters in der Öffentlichkeit nicht nur uneingeschränkt als ein ehrenwerter, sondern als ein erstrebenswerter Beruf gilt.

Wie muss man sich Ihren Tagesablauf vorstellen? Sind Sie ein systematischer Mensch, der schon am Abend vorher genau weiß, was er am nächsten Tag macht?

Ich arbeite sehr intuitiv, brauche aber auch Zeit zur Vorbereitung, zum Beispiel bei einem Gespräch wie diesem. Ein Nachteil des Erfolgs besteht darin, dass ich oft aus Zeitgründen nicht mehr allein bestimmen kann, was im Tagesgeschäft meines Unternehmens geschieht.

Haben Sie eigentlich auch Zeit für Hobbys?

Ich sammelte als Jugendlicher Briefmarken, bis mir das zu langweilig wurde. Jetzt bringe ich aus aller Welt Geldscheine mit, am liebsten druckfrische. An der umfangreichen Kollektion kann ich mich so recht erfreuen.

Lesen Sie viel?

Ich lese natürlich Fachliches, aber kaum etwas zur Unterhaltung. Nur wenn ich in Urlaub fahre, nehme ich immer Bücher von Karl May mit, obwohl ich die schon mindestens fünfmal gelesen habe. Karl Mays Schilderungen des Orients beeindrucken mich besonders. Ich sage dann oft, dazu brauche ich jetzt Herrn Scholl-Latour nicht mehr.

Schauen Sie viel Fernsehen?

Außer Nachrichten und Börse wenig. Und die Krimis mit Columbo mag ich. Im Kino war ich mit Sicherheit seit zehn Jahren nicht mehr.

Wenn Ihre Sekretärin sagte: »Herr Doktor, ich habe einen Fehler bei den Terminen gemacht. Sie haben die nächsten drei Tage komplett frei« – was würden Sie da machen?

An drei Tagen ohne einen Termin würde ich nachdenken, wie ich meinem großen Lebensziel noch näher komme. Aber wenn meine Frau sagen würde, lass uns diese Chance nutzen und irgendwo hinfahren, würde ich auch das tun, ja sogar viel, viel lieber.

Weil man auch woanders darüber nachdenken kann, wie das Image der Vermögensberater verbessert werden könnte?

(Lacht.) So ist es.

3
Der Unternehmer

»Unser Weg nach oben war streckenweise dornenreich«

Ob jemand zum Unternehmer taugt oder nicht, merkt man häufig schon sehr früh. Wie war das bei Ihnen – hatten Sie vielleicht schon als Schüler ein Händchen für Tauschgeschäfte? Oder waren Sie in der Nachkriegszeit etwa ein begabter Schwarzhändler?

Das Talent, Dinge ohne große Umstände ins Lot zu bringen, hatte ich schon immer. So richtig gezeigt hat sich das aber erst, als ich Unternehmer wurde.

Sie finanzierten Ihr Studium als Werkstudent. Wie haben Sie Ihr Geld verdient?

Ich habe ja schon erzählt, dass ich meiner Mutter beim Nähen half. Daneben kümmerte ich mich um eigene Einnahmequellen. Das gelang mir zum Beispiel als Buchhalter bei einem Farbengroßhändler.

Sie haben Jura studiert. Wie lernt man da, was ein Buchhalter wissen muss?

Wenn man beim Jura-Studium mit dem trockenen Römischen Recht zu tun hat, ist die Arbeit in einer Buchhaltung kein Problem. Ich brauchte ja keine Bilanzen erstellen. Als Buchhalter muss man vor allem exakt und genau arbeiten. Ein kleiner Fehler, eine Unaufmerksamkeit, kann eine große Wirkung haben. Insofern haben Juristerei und Buchhaltung schon Berührungspunkte.

Wissen Sie noch, was Sie damals verdient haben?

Ja, das steht ja in den Nachweisen zur Rentenversicherung. Es waren 250 Mark im Monat. Das reichte gerade so, obwohl nach den Entbehrungen der Kriegszeit unsere Bedürfnisse nicht sehr groß waren. In der Uni-Mensa gab es ein Stammessen für 50 Pfennige. Ein Nachtisch für einen Groschen war schon Luxus.

1953 war das Jahr Ihres Examens und Ihrer Promotion. 1956 haben Sie dann beim Gerling-Konzern angefangen. Was haben Sie eigentlich in der Zwischenzeit, in diesen drei Jahren, gemacht?

Ich habe im Dezember 1953 die Promotion mit dem Rigorosum, der mündlichen Prüfung, abgeschlossen. Dann fing ich als Gerichtsreferendar an, habe nebenbei noch drei Semester Volkswirtschaft studiert, was mir später durchaus geholfen hat. Das Referendariat habe ich aber vor dem zweiten Staatsexamen abgebrochen.

Wieso das?

Ich gab auf, weil es eines Tages finanziell nicht mehr möglich war, das Referendariat fortzusetzen. Ich kam mit dem wenigen Geld einfach nicht mehr zurecht. Allerdings war es mir zunächst als Referendar beim Amtsgericht Treysa in der Nähe von Marburg vergleichsweise gut gegangen. Ein Referendar bekam dort kostenlos ein Mittagessen, deshalb war die Stelle begehrt.

Ein Dienstessen, sozusagen.

Genau so war es. Dem Amtsgericht war nämlich ein Untersuchungsgefängnis angegliedert. Und die Dienstanweisung regelte, dass ein Beamter überprüfen musste, ob das Essen an die Gefangenen ausgegeben werden durfte.

Sie waren also der Vorkoster der Häftlinge?

Ein nahrhafter Job. Doch meine Mutter war ängstlich, weil das Essen wiederum von einem Häftling der Haftanstalt im benachbarten Ziegenhain zubereitet wurde. Der hätte mich ja vergiften können, dachte sie. Abgesehen von diesem »Risiko« habe ich in Treysa viel gelernt. Aber währenddessen dachte ich immer öfter über die eigentlichen Aufgaben des künftigen Juristen nach. Ich wusste nicht, ob ich Staatsanwalt, Rechtsanwalt oder Richter werden oder in die freie Wirtschaft gehen sollte. So entschloss ich mich wegen meiner knappen Finanzen zum Pausieren.

Hatten Sie damals schon ein konkretes Angebot für etwas anderes?

Eines Tages kam ein Anruf meines älteren Bruders, der in Gießen Geschäftsführer eines Textilunternehmens war. Ob ich ein Angebot des Gerling-Konzerns annehmen würde, die dortige Geschäftsstelle zu leiten? Ich dachte, Gießen ist nicht weit, das könntest du machen. Ich wusste nicht, dass es sich um eine Tätigkeit im Außendienst handelte. Das ergab sich erst aus den Vertragsunterlagen. Da erfuhr ich dann, dass es um direkte Akquisition ging.

Eigentlich wollten Sie das also gar nicht?

Nein, wirklich nicht. Aber statt zu kneifen, wollte ich es erst einmal ausprobieren, vielleicht für ein Jahr.

Es kommt ja nicht alle Tage vor, dass ein promovierter Jurist von Tür zu Tür geht, um Versicherungen zu verkaufen.

Aus der Not heraus kommt das schon vor. Bei mir war es so.

Wie war Ihnen dabei zumute?

Ich habe aus der Not eine Tugend gemacht. Mein Vorteil war, dass ich schon viele Menschen in der Gegend, also in Marburg und Mittelhessen, kannte. Meine Chance lag darin, dass der Doktortitel mir bei meinen Gesprächspartnern half. Das lief so gut, dass ich nach einem Jahr dachte: Warum machst du das nicht weiter? Zudem stellte ich fest, dass Fleiß und Einsatz bei dieser Tätigkeit messbar waren. Das gefiel mir. Und es gefiel mir auch, dass die Kollegen im Gerling-Konzern mich, den Promovierten, nicht länger scheel ansahen, weil ich kein schlechter Verkäufer war.

Ich habe während meines Studiums auch mal Versicherungen verkauft – mit mäßigem Erfolg. Was macht den guten Verkäufer denn aus?

Fachwissen tut es nicht allein. Er muss den Kunden überzeugen, dass dessen Interessen wichtiger sind als der Abschluss eines Vertrags. Es gibt bei der Deutsche Vermögensberatung deshalb auch eine eiserne Regel: Beim ersten Kontakt zwischen dem Vermögensberater und einem potenziellen Kunden darf es auf keinen Fall einen Abschluss geben. Erst muss die finanzielle Lage genau analysiert werden, dann entwickelt der Berater mit Hilfe unserer Computer-Programme ein Konzept. Ich habe es schon erwähnt: Wir nennen dies unseren Vermögensaufbauplan. Einen Abschluß kann es erst danach geben, frühestens beim zweiten Besuch.

Der Verkäufer darf also nicht den Eindruck erwecken, dass für ihn vom Verkaufen alles abhängt. Muss der Verkäufer von Versicherungen nicht eigentlich ein Zyniker sein? So nach dem Motto: Der Kunde hat schon zwei Lebensversicherungen, da kann er auch noch eine dritte kaufen?

Nein, nein. Diese Methode brächte nur kurzfristige Vorteile und dann eines Tages den Verlust des Kunden.

Und was wäre langfristig die richtige Methode?

Da gibt es nur eine: Nämlich dem Kunden das zu empfehlen, was er braucht, und nicht das, was dem Berater im Augenblick eventuell mehr Vorteile bringen könnte.

Sie waren elf Jahre beim Gerling-Konzern. Gab es da eine Karriereleiter?

Nein. Es zählten allein die Umsätze, die stets die gleichen Vergütungen brachten. Das war einer der Gründe, weshalb ich später dem IOS-System den Vorzug vor den damals in Deutschland üblichen Praktiken gab. Dort bekam der Erfolgreiche nicht nur mehr Geld. Er wurde auch auf andere Weise belohnt, genoss ein höheres Ansehen.

IOS-Boss Bernard Cornfield war nach Deutschland mit der Idee gekommen, Investmentfonds an der Haustür zu verkaufen. Das hatte es vorher nicht gegeben.

Ich war auch sehr skeptisch. Einige Jahre vorher war ich im Urlaub einem hohen Tier bei IOS begegnet. Der Mann hatte während seiner Studienzeit in Marburg bei den Eltern meiner Frau gewohnt. Er fragte, ob er etwas für mich tun könnte. Ich sagte ihm, IOS sei nichts für mich, von Investment verstünde ich zu wenig. Aber er ließ nicht locker.

Und so wurden Sie 1967 doch für die IOS tätig.

Ja, aber aus einem ganz, ganz anderen Anlaß. Eines Tages kam der Anruf, ob ich nicht wenigstens zu einem Gespräch mit James Roosevelt und Bernie Cornfield bereit wäre.

James Roosevelt, der Sohn des 32. Präsidenten der USA, der bei IOS eine Rolle spielte.

Ja. Daran war ich natürlich sehr interessiert. Schließlich war der Name Roosevelt ein Begriff. Also trafen wir uns in Frankfurt, im Café »Kranzler«. Roosevelt war genauestens über meine Vergangenheit und meinen politischen Hintergrund unterrichtet. Er wusste, dass mein Vater in Bautzen umgekommen war und dass ich aus der SBZ fliehen musste. Er wusste auch um mein politisches Engagement in der FDP. In für mich überzeugender Weise sprach er von den Zielen, die er und Cornfield in Deutschland verfolgen wollten. Sie wollten dem Gedanken des Investmentsparens in Deutschland zum Durchbruch verhelfen. Das war eine in Amerika sehr anerkannte und weit verbreitete Sparform, spielte damals bei uns aber noch gar keine Rolle. Cornfield hatte damit angefangen, dass er den in Europa stationierten amerikanischen Soldaten – zuerst in Frankreich, später dann auch in der Bundesrepublik – Investment-Sparpläne verkaufte.

Investmentfonds gab es damals aber auch schon bei uns.

Ja, aber die Deutschen legten dort kaum Geld an. Den Durchbruch schaffte Cornfield erst, als er Prominente wie Roosevelt engagierte, um Vertrauen für sein Konzept zu schaffen.

Hat dieses Konzept Sie gleich überzeugt?

Mich beeindruckte nicht zuletzt die gesellschaftspolitische Dimension. Roosevelt schilderte mir, wie er die Lage einschätzte: Die Deutschen hätten zwar beim Wiederaufbau Beachtliches geleistet, wie schon nach dem Ersten Weltkrieg und nach der Inflation in den zwanziger Jahren. Sie täten sich aber schwer, privat aus ihrem Geld etwas zu machen. Er war der Meinung, dass die Deutschen auch deshalb für sozialistisches oder kommunistisches Gedankengut anfälliger seien als etwa die Amerikaner, weil die kleinen Leute in Deutschland kein Eigentum bildeten. Das war der ideologische Hintergrund der IOS, wenn Sie so wollen. Roosevelt packte mich schließlich mit dem Hinweis, ich sei doch ein entschiedener Gegner von Sozialismus und Kommunismus.

Da lag er ja nicht falsch.

(Lacht.) In der Tat. Roosevelt bat mich, für Cornfield und ihn einen Kontakt zu Ludwig Erhard, dem ehemaligen Bundeswirtschaftsminister und Ex-Bundeskanzler, herzustellen. Erhard war für sie der Vater des Wirtschaftswunders in Deutschland, und sie zollten ihm allergrößten Respekt.

Sie sollten also Türen öffnen.

So ist es. Ich ging zu Erhard, den ich kannte, und trug ihm das Anliegen vor. Es kam zu einem Treffen in Zürich. Man bot Erhard den IOS-Verwaltungsratsvorsitz für Deutschland an, Honorar 100000 Mark im Jahr. Für Erhard war das damals eine unvorstellbare Summe. Es stellte sich heraus, dass Erhard das Investmentsparen ziemlich unbekannt war. Aber er ließ es sich in allen Details erklären.

Er nahm das Angebot aber doch nicht an?

Erhard erbat sich Bedenkzeit. Das Honorar hätte ihn gereizt. Aber permanent durch Deutschland zu reisen, wie man ihm angetragen hatte, und für das Konzept von IOS zu werben, das wollte er dann doch nicht. Also kamen Cornfield und Roosevelt wieder auf mich zu und baten um einen anderen Vorschlag. Ich schlug Erich Mende vor, der im Kabinett Erhard Vizekanzler gewesen war. Nach Erhards Sturz und der Bildung der Großen Koalition aus CDU und SPD war Mende in der FDP nicht mehr sehr gefragt. Aber ich war mit ihm eng befreundet und sprach ihn an. Erich Mende fand das Angebot hochinteressant und sagte zu.

Sie waren damals, im Jahr 1967, aber immer noch beim Gerling-Konzern.

Ja. Erst später wurde ich im Verwaltungsrat von IOS Deutschland Mendes Stellvertreter und übernahm zusätzlich die Position des Geschäftsführers der IOS Versicherungs-Vermittlungs GmbH. Zu der Zeit war IOS sehr erfolgreich und stand in höchstem Ansehen. Der Sozialdemokrat Karl Schiller, der damals Wirtschaftsminister in der Großen Koalition war, erhoffte sich beispielsweise von IOS, dass die behäbigen deutschen Banken durch diese Konkurrenz aufgeweckt würden.

Das hohe Ansehen genoss IOS aber nicht auf Dauer.

Ja, etwa zwei Jahre später änderte sich das. Aber damals, 1967, rief Schiller eines Tages bei Mende an. Es gebe rechtliche Probleme, da in Deutschland nur ein deutsches Unternehmen Versicherungen anbieten dürfe.

IOS offerierte zusätzlich zu den Fonds auch Versicherungen?

Ja, und zwar wurde durch eine Police über einen britischen Versicherer beim Wertpapiersparen die angestrebte Endsumme abgesichert. Das war im Grunde eine Risiko-Lebensversicherung. Aber wie gesagt, ausländische Versicherungen durften damals in Deutschland nicht vertrieben werden. Schiller forderte deshalb IOS über den Deutschland-Repräsentanten Mende auf, diese als Straftatbestand geltende Situation schleunigst aus der Welt zu schaffen. Ich riet Mende, sich doch eine deutsche Versicherung zu suchen, die diese Absicherung anbieten könnte. Im Auftrag Mendes sprach ich mit dem Vorstand des Gerling-Konzerns. Der winkte aber ab, als ihn die großen deutschen Banken warnten, sich mit IOS einzulassen.

Warum das?

IOS beging den Fehler, beim Engagement auf dem deutschen Markt die deutschen Banken als unfähig hinzustellen. Mir wurde schnell klar, dass eigentlich nur die Versicherungsgesellschaft Deutscher Herold in Frage kam, um der hiesigen Rechtslage zu entsprechen. Das war nämlich ein Familienunternehmen und sehr unabhängig. Die Inhaber fanden tatsächlich sofort Gefallen an der Möglichkeit einer Zusammenarbeit mit IOS. So begann auch meine Tätigkeit für die neu gegründete IOS Versicherungs-Vermittlungs GmbH. Ich war Mendes Versicherungsexperte. Ich sorgte dafür, dass die IOS-Berater auch rechtlich einwandfreie Versicherungs-Offerten unterbreiten konnten.

Deutete sich da schon Ihr Allfinanz-Konzept an?

In gewisser Weise, ja. Ich warb bei den Anlageberatern der IOS dafür, nicht nur Risikoversicherungen zur Absicherung der Anlagen anzubieten, sondern auch andere Versicherungen, Unfallversicherungen zum Beispiel. Da deutete sich mein späteres Motto schon an: Vermögensaufbau ohne Absicherung ist wie ein Haus ohne Dach.

In gewisser Weise hat Cornfield also den Markt für Sie vorbereitet.

Er hat die Chancen meines damals entstehenden Konzepts erkannt und geschickt für IOS genutzt. Allerdings wollte er in erster Linie seine eigenen Fonds verkaufen und nicht Versicherungen für eine deutsche Gesellschaft.

IOS hatte ein Vertriebssystem, das völlig anders war als alles, was bisher in Deutschland üblich war.

Richtig. In Deutschland war es üblich, dass Versicherungen nur von fest angestellten Mitarbeitern vertrieben wurden. Cornfield war zu Recht der Ansicht, dass der Vertrieb von Fonds und Versicherungen über selbständige Handelsvertreter mehr Erfolg versprach.

Wie war das bei Ihnen gewesen: Bei Gerling waren Sie als Direktor angestellt und hatten fest angestellte Mitarbeiter, die Versicherungen verkauften?

Ja. Ich hatte feste Bezüge und eine Erfolgsbeteiligung.

Bei IOS lernten Sie dann etwas anderes kennen, nämlich Selbständigkeit.

Ich habe später das Positive von IOS in die Bonnfinanz mitgenommen. Unter anderem auch, dass es sehr wichtig ist, den Beratern nicht nur Provisionen zu zahlen, sondern ihre Leistungen auch in anderer Form anzuerkennen. Heute heißt auch das interne Motto bei uns: Wir bieten mehr als Provisionen. Aber die elementaren Fehler der IOS habe ich vermieden.

Welche elementaren Fehler haben IOS und Cornfield denn gemacht?

Mir wurde bald klar, übrigens früher als meinem Freund Mende, dass die Geschäftspolitik von IOS letztlich scheitern musste. Gegen die deutschen Banken – ich erwähnte es schon – konnte IOS auf Dauer keinen Erfolg haben. Zusätzlich kam IOS in große Schwierigkeiten durch den Crash an der Börse.

IOS hatte seine Stammaktien an die Börse gebracht. Die waren zunächst kräftig gestiegen. Aber seit Anfang 1970 verfiel der Kurs rapide.

Das traf die Leute hart. Denn es ist wohl ein Fehler der Deutschen, zu glauben, es gehe an der Börse immer nur aufwärts. Dreißig Jahre später, als der Neue Markt zusammenbrach, hat sich das alles wiederholt. Ein Desaster.

Was hat IOS noch alles falsch gemacht?

IOS Deutschland bekam nicht die Unterstützung der deutschen Finanzwirtschaft, als bei der Muttergesellschaft Liquiditätsprobleme auftauchten. Das hat damals das Ende beschleunigt. Aber IOS hatte auch selbst Fehler gemacht. Erfolgreiche Berater wurden mit IOS-Aktien vergütet, statt ihnen mehr Provisionen zu zahlen. Als dann die Aktien des Unternehmens fielen, waren viele Mitarbeiter im Vertrieb finanziell am Ende. Denn die meisten hatten die IOS-Aktien mit Darlehen gekauft. Wir erleben das ja heute wieder bei zwei Wettbewerbern von uns, die an die Börse gegangen sind.

Was hat denn das mit dem Vertriebssystem zu tun?

Ganz einfach: Ein Verkäufer, der selbst verschuldet ist, kann in Vermögensdingen keine Kunden mehr motivieren.

Also, fassen wir die Fehler von IOS zusammen: fehlende Kooperation mit den Banken, ein falsches Vergütungssystem …

Cornfield selbst hat noch einen weiteren elementaren Fehler begangen. Statt sich auf die Vermittlungstätigkeit zu beschränken – und da war er ja sehr gut –, ging er auch in Bereiche, von denen er nichts verstand. So war das mit den eigenen Fonds, und das galt auch für die eigenen Versicherungen sowie seine Immobilien-Angebote.

Diesen Fehler haben Sie bei der DVAG ja vermieden.

Ja. Mein Prinzip war von Anfang an: Ich begnüge mich mit dem Vertrieb von Produkten anderer führender Unternehmen im Finanzbereich. Diese Selbstbeschränkung hat sich auch ausgezahlt.

Haben wir bei den IOS-Fehlern etwas vergessen?

Ganz entscheidend für das Scheitern von IOS war wohl, dass Cornfield das operative Geschäft immer stärker delegiert hat, und zwar häufig an die falschen Leute. Da war er zu vertrauensselig. Er hat auch zunehmend das schöne Leben genossen und die Übersicht über sein Unternehmen verloren. So etwas haben wir ja vor ein paar Jahren bei einigen so genannten Star-Managern wieder erlebt.

Gehen wir zurück ins Jahr 1970: Es gab damals viele negative Schlagzeilen über IOS, die für Panik bei den deutschen Anlegern sorgten. Daraufhin schaltete sich die Bonner Bundesregierung ein. Wie waren Sie da involviert?

Überhaupt nicht mehr. Ich bin schon lange vor dem Crash weggegangen. Ende des Jahres 1969 beendete ich meine vertragliche Bindung als Versicherungsvermittler der IOS Deutschland und gab meinen Sitz im Verwaltungsrat ab.

Damals haben viele Anleger Geld verloren. Ich erinnere mich: IOS war für mich nach dem Abitur meine erste Erfahrung mit dem Kapitalmarkt – und zwar eine negative. Haben Sie auch Geld verloren?

Nicht viel. Ich hatte kaum IOS-Fonds und IOS-Aktien gekauft.

Erich Mende hat in seinen Memoiren die heftigen Differenzen zwischen IOS Deutschland und den Amerikanern für den Niedergang verantwortlich gemacht.

Ich habe meinen Freund Mende häufig vor den Fehlern gewarnt, die bei IOS gemacht wurden. Er ließ sich aber immer wieder täuschen, die ganze Politik und die Öffentlichkeit waren ja in Bezug auf IOS wie narrisch. Mende wurde als IOS-Verwaltungsratsvorsitzender in der Öffentlichkeit geradezu gefeiert und hofiert.

Mende hatte auf IOS-Veranstaltungen viel mehr Zuhörer als zuvor auf FDP-Kundgebungen.

Genau so war es.

1972 kam dann der endgültige Zusammenbruch von IOS. Da waren Sie schon längst zu neuen Ufern aufgebrochen.

Ja, am 1. Juli 1970 hatte ich die Bonnfinanz gegründet. Der Vorstand des Deutschen Herold war an mich mit der Bitte herangetreten, ein Auffangbecken für IOS-Mitarbeiter zu schaffen. Ich unterbreitete damals den Vorschlag, als neue Gesellschaft die Bonnfinanz zu gründen.

Unterm Strich: War IOS trotz allem für Sie eine gute Erfahrung?

Ich möchte die Zeit bei IOS nicht missen. Bei allen Fehlern: Die Leistung von IOS bestand alles in allem darin, das Investmentsparen in Deutschland vorangebracht zu haben.

Kann man sagen, mit der Bonnfinanz wurde die erste Vermögensberatungs-Gesellschaft gegründet?

Das kann man so sagen. Ich habe damals als Erster diesen Begriff geprägt. Mitte Juni 1970 war in Bonn das 3. Vermögensbildungsgesetz verabschiedet worden, das 624-Mark-Gesetz. Das förderte die Vermögensbildung in Arbeitnehmerhand, wie das damals hieß. Aber man musste das den Leuten erklären. Ich sah damals die Chance, ein neues Beratungssystem zu schaffen, das Allfinanz-Konzept. Und dabei versuchte ich, das Vertriebssystem der deutschen Versicherungen mit dem völlig anderen System der Amerikaner zu verbinden. So entstand etwas völlig Neues.

Der Deutsche Herold und die Bonnfinanz gehörten ja zusammen.

Der Herold hatte 100 Prozent an der Bonnfinanz. Ich war Chef der Bonnfinanz und zugleich Generalbevollmächtigter des Herold. Ich war also angestellter Manager.

Wie reagierte die »Financial Community«, als Sie mit der Bonnfinanz anfingen?

Das war nicht einfach. Die Banken versuchten, eine Vielzahl von Hindernissen vor uns aufzubauen. Außerdem hatten wir mit dem negativen Image der IOS zu kämpfen. Es gab auch heftigen Widerstand des Bundesverbands der Versicherungskaufleute, der die neu geschaffene Berufsbezeichnung Vermögensberater als Etikettenschwindel schmähte. Außerdem behaupteten viele so genannter Experten, mein Konzept sei zum Scheitern verurteilt, weil es ihnen unmöglich schien, dass ein Einzelner alles über Versicherungen,

Wertpapiersparen, Bausparen und Baufinanzierungen wissen könne.

Als Gegenreaktion gründeten Sie 1973 den Bundesverband Deutscher Vermögensberater. Wie viele Mitglieder hat er heute?

Etwa 6500.

Sind das alles Leute von der DVAG oder sind da auch Mitarbeiter der Konkurrenz dabei?

Zu 90 Prozent arbeiten unsere Mitglieder für die Deutsche Vermögensberatung.

Aber andere Unternehmen müssten doch dasselbe Interesse daran haben, den Beruf des Vermögensberaters zu etablieren.

Es sind einige konkurrierende Verbände gegründet worden, die aber nicht mehr existieren. Wir haben heute das Monopol.

Sie waren bei der Bonnfinanz sehr erfolgreich.

Zu erfolgreich.

Zu erfolgreich? Das müssen Sie mir bitte erklären.

Bei der Bonnfinanz stellten sich zwei elementare Probleme heraus. Ich setzte auf das Allfinanz-Konzept, auf mein Allfinanz-Konzept. Ich bot Produkte des Deutschen Herold an, aber auch fremde Produkte. Der Deutsche Herold war aber im Grunde nur am Verkauf seiner Versicherungen interessiert. Zweitens gab es Differenzen, weil meine Bonnfinanz-Mitarbeiter andere Interessen hatten als die des Deutschen Herold. Für die Bonnfinanz arbeiteten selbständige Vermögensberater. Beim Herold gab es dagegen nur angestellte Verkäufer.

Waren diese Meinungsverschiedenheiten so schwerwiegend, dass Sie sagten, ich muss hier raus?

Nein, das wollte ich eigentlich nicht. Es kam jedoch anders. Ich war 1969 aus der FDP ausgetreten und ein Jahr später CDU-Mitglied geworden. Das Konrad-Adenauer-Haus in Bonn, als GmbH geführt, stand vor der Pleite, weil die CDU nicht alle Büros vermieten konnte. Da bat die CDU mich um Hilfe. Ich verlegte den Sitz der Bonnfinanz in das Adenauer-Haus, mietete gleich vier ganze Etagen und rettete so das Objekt. Die Bonnfinanz hat natürlich auch von der neuen Adresse profitiert. Viele Menschen deuteten den Firmensitz als Nähe zur CDU, manche dachten bei Bonnfinanz auch an das Bundes-Finanzministerium. Das alles hat den Chefs des Herold nicht gepasst. Der Vorstand zwang mich, aus dem Adenauer-Haus wieder auszuziehen, und baute für die Bonnfinanz eine andere Zentrale. Das führte natürlich zu zusätzlichen Konflikten.

Und dann sagten Sie: Jetzt reicht es mir?

Es gab den Ausspruch des Schwiegersohns des Firmengründers, er dulde in seinem Reich keinen Papst. Am 6. Februar 1975 wurde mein Vorstandsvertrag bei der Bonnfinanz nicht verlängert. Aber ich war als Generalbevollmächtigter weiter vertraglich an den Herold gebunden, mit noch vier Jahren Laufzeit. Da kündigte ich diesen Vertrag. Davor war die Aachen-Münchener-Versicherungsgruppe an mich herangetreten. Mit ihr hatte ich viele Jahre als Vermittler für ihre Central-Krankenversicherung zusammengearbeitet.

Da begann dann die enge und intensive Partnerschaft mit der Aachen-Münchener-Versicherungsgruppe?

Mit dieser Gruppe glaubte ich, mein Allfinanz-Konzept verwirklichen zu können, weil hier nicht eine Interessenkollision wie beim Herold bestand. Die Aachen-Münchener hatte eine eigene Lebens-, Sach- und Krankenversicherung, ihr gehörte die Badenia Bausparkasse, und sie hatte enge Beziehungen zur Dresdner Bank. Man sagte mir, ich solle die Geschäfte der Bonnfinanz in einer Gesellschaft der Aachen-Münchener-Gruppe weiterführen, und bot mir den Vorstandposten an. Doch der Deutsche Herold drohte für diesen Fall mit einem Rechtsstreit. Daraufhin zog die Aachen-Münchener-Gruppe ihr Angebot wieder zurück. Das waren für einen Familienvater im Alter von 47 Jahren nicht gerade ideale Startbedingungen.

Sie wurden sozusagen zum Selbständigen wider Willen.

So war das. Denn es gab eine Reihe von Mitarbeitern der Bonnfinanz, die mich baten, sie nicht im Stich zu lassen. Da wagte ich den Schritt, lieh mir 125000 Mark und erwarb die Firma »Kompass – Gesellschaft für Vermögensanlagen«. Mit dieser habe ich am 1. Juli 1975 mit dem Aufbau der heutigen DVAG begonnen. Im März des folgenden Jahres nahm die Firma Allgemeine Vermögensberatung ihre Arbeit auf.

Gehörte die Firma Ihnen allein?

Ursprünglich ja. Ich trug ganz allein auch das unternehmerische Risiko. Das wollte das seinerzeitige Management der Aachen-Münchener-Versicherungsgruppe entgegen einer zuvor konkret gegebenen Zusage nicht übernehmen. Das war eine meiner größten Enttäuschungen in meinem Leben und führte zu einer sehr nachhaltigen Verbitterung gegenüber dem seinerzeitigen Vorstand. Erst als sich mein Unternehmen erfolgreich entwickelte, stieg die Aachen-Münchener-Versicherungsgruppe mit 50 Prozent ein. Später erkämpfte ich mir dann die Mehrheit zurück. Heute halten wir 50 Prozent plus zehn Aktien.

Wie wurde eigentlich aus der »Allgemeinen« die »Deutsche« Vermögensberatung?

Ich wollte die Gesellschaft eigentlich gleich Deutsche Vermögensberatung nennen. Aber das Amtsgericht Frankfurt genehmigte 1976 die Eintragung nicht, weil ich damals keinen Marktanteil nachweisen konnte, der so groß war, dass er den Namen Deutsche Vermögensberatung gerechtfertigt hätte. Das schaffte ich erst 1983. Da habe ich meine Gesellschaft auch umbenannt.

Im Nachhinein ist die DVAG eine einzige Erfolgsgeschichte. Aber der Anfang war sicherlich nicht so einfach.

Das war ungeheuer schwer. Der Start war bescheiden: Ich zog am 1. Juli 1975 mit zwei Mitarbeitern in zwei Räume der Aachen-Münchener-Gruppe in Frankfurt ein. Das war dasselbe Haus, in dem die DVAG heute noch ihren Sitz hat – in der Münchener Straße, am Rand des Bankenviertels. Nur gehört das Gebäude inzwischen uns.

Ging es dann schnell bergauf?

Ja, nur das Jahr 1981 war schwer, aber dann ging es eigentlich nur noch bergauf.

Erscheint im Blick zurück nicht manches verklärt? Sie hatten doch 1976 Schwierigkeiten nach einer Fernsehsendung, die Ihren Vertrieb sehr kritisch bewertete. Und einige Jahre später haben gleich 500 Mitarbeiter das Unternehmen verlassen.

In dieser Fernsehsendung richtete sich die Kritik global gegen den Direktvertrieb von Versicherungen durch selbständige Vertriebsgesellschaften. Wir wurden das Opfer von Methoden, die andere Gesellschaften praktizierten. Aber Sie haben Recht: In der Tat war unser Weg nach oben streckenweise sehr dornenreich.

Trotz solcher Zwischenfälle gingen die Umsätze regelmäßig nach oben?

Ja, mit den beiden erwähnten Ausnahme-Jahren. Meine Mitarbeiter und ich, wir waren uns bewusst, dass es sich bei den Angriffen um unfaire Vorgänge handelte. Das hat dem Gemeinschaftsgeist sogar gut getan.

Und der Weggang von 500 Mitarbeitern?

Meine Mitarbeiter müssen sich verpflichten, ausschließlich Produkte anzubieten, die ich zur Verfügung stelle. Daran haben sich diese 500 nicht gehalten, sondern zum Beispiel auch Immobilien angeboten, die ich nicht kontrollieren konnte. Die sind auch nicht freiwillig gegangen. Ich habe die Verträge gekündigt. Das war dann der Grund für den Umsatzrückgang 1981.

Wo hatten Sie 1975 Ihre ersten Mitarbeiter rekrutiert?

Ich begann mit 30 bis 40 Vermögensberatern der Bonnfinanz.

Wie viele sind heute noch dabei?

Ganz wenige. Aber es gibt noch welche, mit denen ich schon damals zusammenarbeitete.

Warum sind nur noch wenige von den DVAG-Pionieren dabei?

Auf keinen Fall deshalb, weil sie unzufrieden waren. Aber inzwischen sind 30 Jahre ins Land gegangen. Etliche Mitarbeiter der ersten Stunde sind verstorben. Auch ist nicht jeder bereit, über das 65. Lebensjahr hinaus mit voller Kraft tätig zu sein. Viele von meinen früheren Mitstreitern waren so erfolgreich, dass sie sich einen vorzeitigen Ruhestand leisten konnten und das auch taten.

Ihre Mitarbeiter kommen aus vielen Bereichen. Akademiker oder Bankkaufleute sind kaum darunter.

Heute noch gehört es zu meinen Überzeugungen, dass aus einem Banker nie einer wird, der im Versicherungsgeschäft Erfolg hat, und umgekehrt aus einem Versicherungsprofi nie ein Banker. Deshalb habe ich den Schwerpunkt auf Berufsfremde gelegt. Bei Kompass wie bei der Vermögensberatung AG gewann ich zum Beispiel ehemalige Bundeswehrsoldaten für einen neuen Lebensabschnitt. Sie haben große Disziplin und sind bereit, bestimmte Regeln einzuhalten. Nahezu alle wurden auch erfolgreich und gehören zu unseren Besten.

Bevor jemand für Sie zum Kunden gehen kann …

… muss er eine strenge Ausbildung absolviert haben. Deren Dauer richtet sich nach seiner Eignung, mal ein paar Monate, mal ein Jahr. Unsere Berater müssen viele Zwischenprüfungen ablegen, zum Beispiel auch vor einer Industrie- und Handelskammer. Im eigenen Interesse sorgen auch unsere Partnergesellschaften dafür, dass unsere Vermögensberater sich das notwendige Fachwissen aneignen.

Wieso kümmern sich auch die AachenMünchener oder die Deutsche Bank um die Ausbildung Ihrer Vermögensberater?

Da jedem Berater freigestellt ist, welche Produkte er verkaufen will – keiner muss ein gewisses Volumen an Lebensversicherungen, Bausparverträgen oder Fonds verkaufen –, haben meine Partnergesellschaften ein großes Interesse daran, dass meine Vermögensberater über ihre Produkte bestens Bescheid wissen. Schließlich wollen sie, dass möglichst viele ihre Produkte vertreiben.

Unter Ihren Mitarbeitern herrscht scharfe Konkurrenz. Es gibt keinen Gebietsschutz, keinen Kundenschutz. Jeder konkurriert mit jedem. Stammt das noch von Cornfield?

Nein. Ich habe den Nachteil von Schutzzonen schon bei Gerling erkannt. Ich meine, jeder soll dort arbeiten können, wo er glaubt, besser zu sein als andere.

Sie haben mehrfach erwähnt, wie wichtig neben Geld auch immaterielle Anreize sind.

Der Mensch braucht Anerkennung, die nach außen deutlich wird. Es gibt den alten Spruch: Gib dem Deutschen eine zusätzliche Litze, also einen Streifen mehr auf der Uniform, dann brauchst du ihm nicht mehr Geld zu zahlen. Wir Menschen leben nun mal nicht vom Geld allein.

Und wie sehen bei der DVAG die »Litzen« aus?

Wir haben ein Aufstiegssystem in sieben Stufen. Jeder Vermögensberater muss als Assistent anfangen, kann dann den Titel eines Agenturleiters erreichen. Jeder folgende Sprung setzt ein bestimmtes Volumen an Verträgen voraus, gepaart mit Qualität – die ist vielseitig messbar. Dann kann er Leiter einer Regionalgeschäftsstelle werden und so weiter. Höchste Stufe ist die Position des Direktionsleiters.

Von welcher Stufe an arbeitet man im Außendienst hauptberuflich?

Ab dem Agenturleiter. Hier muss der Vermögensberater sogar nachweisen, dass keine andere Tätigkeit ausgeübt wird.

Kommen wir zurück zu den »Litzen«.

Unser Motto heißt: »Wir bieten mehr als Provisionen.« Dazu gehören auch andere Leistungen wie die kostenlose Ausbildung, technische Hilfe für die einzelne Agentur, Teilnahme an Auslandsreisen, auch Schiffsreisen. Nicht zu vergessen das Versorgungswerk für unsere Vermögensberater. Wir fühlen uns verpflichtet, unsere Berater umfassend zu betreuen. Bei ganz außergewöhnlichen Leistungen wird ein Berater dadurch belohnt, dass wir ihm in unserer Hotelanlage in Portugal ein Ferienhaus überlassen.

Für einige Wochen im Jahr?

Nein, so lange er bei uns ist, steht das wie ein eigenes Ferienhaus nur ihm zur Verfügung. Was noch ganz wichtig ist: Ich beziehe so oft wie möglich die Lebenspartner mit ein. Wenn ich ein Schiff für 3000 Passagiere chartere, dann lade ich eben nicht die 3000 erfolgreichsten Vermögensberater ein, sondern nur 1500. Aber die können ihren Lebenspartner mitbringen. Das macht kein anderes Finanzunternehmen so. Nur eines gibt es nicht: Aktien des Unternehmens. Das, was zur Altersvorsorge für unsere Vermögensberater bestimmt ist, wird in Investmentfonds angelegt oder in Lebensversicherungen eingezahlt.

Spätestens dann, wenn Sie zu Reisen auch die Lebenspartner ihrer Mitarbeiter einladen, erfährt er oder sie, an welcher Stelle der Partner in der Hierarchie steht.

Das ist im Interesse des Betroffenen. Sein Partner sieht, wo er steht. Das ist ein zusätzlicher Ansporn.

Wenn einer zu Hause erzählt hat, er sei der wichtigste Mann in der DVAG, aber auf der Kreuzfahrt bekommt er nur eine Innenkabine, dann kann das eine Ehekrise auslösen.

(Lacht.) Nein, nein. Das gibt keine Ehekrise. Aber vielleicht hilft die Ehefrau ihrem Mann künftig stärker, damit er noch erfolgreicher ist. Dann lässt sie ihn künftig eher abends oder am Wochenende zu seinen Kunden.

Abgesehen von allen diesen Anreizen: Geld spielt ja auch eine wichtige Rolle. Wie sieht Ihr Provisions-System aus?

Der Provisionssatz erhöht sich nach einem genau festgelegten System. Es gibt allerdings keine Bestandsprovision für etliche Produkte. Diese Mittel brauchen und verwenden wir, um alle umfangreichen Leistungen für unsere Vermögensberater zu finanzieren. Dazu gehören die gesamte Verwaltung, alle Hilfen für die tägliche Arbeit unserer Vermögensberater, unsere Datenverarbeitungs-Programme, die Ausbildung und vieles mehr. Aber wir zahlen schon auch Folgeprovisionen für etliche unserer Produkte. Zum Beispiel bei allen Sach-, Kfz- und Unfallversicherungen, und das in einem nennenswerten Umfang.

Wenn jemand eine Riester-Rente abschließt …

… kriegt er nur einmal Geld. Zusätzlich verdient er allerdings, wenn der Kunde seine Prämienzahlung erhöht. Die Produkte haben für den Berater nicht alle die gleiche Rentabilität.

Wie viele Frauen haben Sie eigentlich unter Ihren Vermögensberatern?

Im Augenblick knapp 30 Prozent. Bei der Bonnfinanz hatte ich mehr. Im Grunde eignen sich Frauen viel besser für diesen Beruf. Frauen bekommen prinzipiell bei uns dieselbe Chance, müssen sich aber durchsetzen. Ich wünschte, es werden immer mehr, und deshalb fördere ich das auch.

Sprechen wir über Ihre Partner auf der Produktseite, also über die Anbieter von Versicherungen, Bausparverträgen und so weiter. Da ist Ihr Hauptpartner die AMB Generali Holding AG in Aachen, die ja schließlich zu knapp 50 Prozent an der DVAG beteiligt ist.

Ja, das sorgt für Kontinuität, zumal die italienische Generali-Gruppe seit 1998 Mehrheitsgesellschafter bei der Aachen-Münchener-Versicherungsgruppe ist. Das gibt uns zusätzlich Sicherheit. Denn die Gefahr, dass eine andere Gesellschaft die Aachen-Münchener-Gruppe übernimmt, die sehe ich damit nicht. Und das ist ganz wichtig für unsere Berater: Nichts ist abträglicher für das Geschäft, als ständig andere Produkte anbieten zu müssen.

Die Generali ist ja eine Macht auf dem europäischen Versicherungsmarkt.

Das kann man wohl sagen. Generali, Allianz und Axa, das sind die großen Drei in Europa.

Wie hat die Übernahme der Aachen-Münchener durch Generali die Zusammenarbeit mit der Deutschen Vermögensberatung verändert?

Die Zusammenarbeit ist noch enger und noch angenehmer geworden. Dazu trägt der Vorstandsvorsitzende der Generali, Dr. Sergio Balbinot, ganz entscheidend bei. Zwischen ihm und meiner Familie hat sich eine enge, ja freundschaftliche Verbindung entwickelt, wir vertrauen einander und arbeiten sehr gut zusammen. Ich gehöre ja auch dem Verwaltungsrat der Generali, dem höchsten Organ dieser Gesellschaft, an. Was mich aber besonders freut, ist die Tatsache, dass Herr Dr. Balbinot und meine Söhne ebenfalls sehr gut harmonieren und sich gegenseitig sehr schätzen. Dabei hilft sicher, dass Herr Dr. Balbinot und meine Söhne der gleichen Generation angehören.

Die Aachen-Münchener-Gruppe ist seit mehr als 30 Jahren Ihr Partner bei Versicherungen. Dieselbe Kontinuität gibt es auch beim Bausparen. Da vertreiben Sie seit eh und je die Angebote der Badenia.

Ja, von Anfang an. Denn sie gehört zum Aachen-Münchener-Konzern.

Bei den Investmentfonds dagegen gab es häufiger wechselnde Partner.

Bei den Produkten, die es bei der AMB Generali Holding nicht gibt, habe ich freie Hand. Ich habe zunächst die Fonds der Dresdner Bank angeboten, da waren wir der Hauptvertriebskanal für die dit-Fonds. Das änderte sich, als die Allianz die Dresdner Bank übernahm. Denn die Allianz ist ja unser größter Konkurrent im Markt.

Ihr neuer, wichtigster Partner bei den Fonds ist seit 2001 die Deutsche Bank. Welche Fonds der Deutschen Bank bieten Sie an?

Die Fonds der DWS, die für den Direktvertrieb geeignet sind. Wir sind der mobile Vertrieb der Deutschen Bank. Neuerdings sind wir auf deren Wunsch auch im Ratenkreditgeschäft tätig.

Das klingt, als sei Ihnen das nicht so ganz recht?

Ich wollte eigentlich nie Kredite, also Schulden, verkaufen. Aber das ist ein derart großer Markt, dass ich um dieses Geschäft nicht herumkomme. Wir bieten natürlich schon immer auch Baufinanzierungen an. Die Rückbesinnung der Deutschen Bank auf das Geschäft mit kleinen Privatkunden ist auch für uns eine große Chance. Umgekehrt sehen die Filialdirektoren der Bank in uns ihre Helfer: Wir bringen ihnen ständig neue Kunden ins Haus.

Das verstehe ich nicht. Ihre Berater kommen zu den Kunden nach Hause. Wieso bringen Sie dann der Deutschen Bank Kunden in die Filialen?

Das hat mit der besonderen Stellung der Vermögensberater zu tun. Die kennen die finanziellen und persönlichen Verhältnisse ihrer Kunden sehr genau. Und wenn dann jemand Schwierigkeiten hat, dann fragt er seinen Berater oft um Rat. Der empfiehlt dann beispielsweise die Deutsche Bank. Man darf ja nicht übersehen, dass die Schwellenangst vieler Deutscher gegenüber Großbanken nach wie vor sehr groß ist. Diese Scheu ist zwar nicht mehr ganz so groß wie früher, seitdem der Ruf der Banken sehr gelitten hat. Aber diese Schwellenangst gibt es immer noch. Das gilt besonders im ländlichen Raum, wo wir sehr viele Kunden haben. Notfalls nimmt der Berater seinen Kunden an der Hand und geht persönlich mit ihm zur Bank.

Sprechen wir über Ihre Kunden. Wie alt sind sie im Durchschnitt?

Unsere Vermögensberater sind im Schnitt etwa 38 Jahre alt. Unsere Kunden sind im Durchschnitt etwas jünger. Wir haben also überwiegend junge Kunden. Das ist ein erhebliches Kapital. Denn gerade diese Altersgruppe muss dringend etwas für die private Altersvorsorge tun.

Ihre Kunden sind wohl eher die kleinen Leute?

Es ist die Mittelschicht, man kann sagen: Otto Normalverbraucher.

Das durchschnittliche Haushaltseinkommen in Deutschland liegt bei etwa 30000 Euro im Jahr.

Das unserer Kunden liegt schon nennenswert darüber.

Könnte man also sagen, was Josef Neckermann für den Tourismus war, ist Reinfried Pohl für den Kapitalmarkt? Also: Reinfried Pohl, der Neckermann der Vorsorge!

Das könnte man schon sagen. Ich habe mich immer zuallererst für den normalen Bürger interessiert, für die breite Menge, nicht für die Spitzenverdiener. Wir setzen nicht auf Zielgruppen wie zum Beispiel Akademiker. Wir liefern sozusagen die Grundnahrungsmittel beim Aufbau und bei der Absicherung von Vermögen. Und das schließt sehr komplizierte oder sehr riskante Produkte aus. Ich schärfe meinen Vermögensberatern immer ein: Ihr seid wie Hausärzte, ihr kümmert euch um das allgemeine Befinden eurer Kunden. Wenn aber ein Kunde ganz spezielle Lösungen braucht, dann muss er zu einem Spezialisten gehen. Den Weg dorthin kennen wir und zeigen ihn gerne.

Wer von der DVAG beraten wird, der legt also sein Geld eher konservativ als risikoreich an.

Zu 90 Prozent konservativ. Im Augenblick geht ohnehin Sicherheit vor. Die Enttäuschung über die hohen Verluste bei Aktien steckt den Deutschen tief in den Knochen. Viele haben das Desaster bei der T-Aktie bis heute nicht verwunden. Ich habe meinen Vermögensberatern immer gepredigt: Es ist besser, ihr habt auf Dauer Bier, Schnitzel und Kartoffelsalat als für kurze Zeit Champagner und Kaviar. So beraten die auch ihre Kunden.

Wie ist es Ihren Kunden während des Börsen-Crashs 2000/2001 ergangen?

Die waren natürlich auch betroffen. Auch unsere Fonds haben unter der Marktentwicklung gelitten. Aber dadurch, dass wir keine einzelnen Aktien anbieten, sondern nur Aktien in Fonds, haben wir unsere Kunden in gewisser Weise schützen können. Wir werben mit dieser relativen Sicherheit gegenüber dem Kauf von Einzelwerten. Auch haben wir speziell auf den Neuen Markt zugeschnittene Fonds erst gar nicht angeboten.

Ein anderer, wenig bekannter Aspekt Ihrer Unternehmertätigkeit sind die vier Luxus-Hotels der Vila-Vita-Gruppe, die Sie betreiben. Aber einen Hotelier darf man Sie dennoch nicht nennen?

(Lacht.) Ich bin zu diesen Hotels gekommen, weil ich meinen Mitarbeitern auch die Welt öffnen wollte. Ich habe besondere Leistungen gerne mit Reisen ins Ausland belohnt. So sind viele Vermögensberater mit uns zum ersten Mal in ein Flugzeug gestiegen. Logiert haben wir immer in fremden Hotels, auch bei unseren Schulungen. Das hat viel Geld gekostet. Da habe ich im Burgenland eine Ferienanlage zunächst gemietet, dann gekauft: Pannonia am Neusiedler See. Später bauten wir in Portugal, unter anderem die große Anlage Vila Vita Parc an der Algarve. In Amerika, in Kalifornien, haben wir einige Appartements. Dann kam der Rosenpark in Marburg hinzu, zuvor das Burghotel Dinklage.

Die nutzen Sie alle als Schulungs- und Begegnungsstätten?

Ja, so ist eine Hotel-Gruppe entstanden. Ich bin also gewissermaßen Hobby-Hotelier. Aber diese Häuser stehen auch zahlenden Gästen offen. Expansionspläne aber habe ich nicht.

Sprechen wir über die Zukunft. Die EU ist größer geworden, wächst enger zusammen. Sie aber sind überwiegend auf Deutschland beschränkt. Warum?

Mein Unternehmen heißt nun mal Deutsche Vermögensberatung, auch in Österreich.

Sie könnten mit einer Tochtergesellschaft unter anderem Namen aktiv werden.

Das ist völlig klar. Wir sind auch seit 2005 mit einer eigenen Gesellschaft in der Schweiz aktiv. Aber unser Schwerpunkt ist und bleibt Deutschland.

Das Elsass würde sich doch auch anbieten.

Nein. Ein Vertriebssystem wie unseres ist dort gesetzlich nicht möglich.

Sie sind jetzt 78 Jahre alt. Haben Sie schon mal an Rückzug gedacht?

Ich glaube, das meiste von dem, was ich mir vorgenommen hatte, habe ich mit meinem Lebenswerk erfüllt. Jetzt denke ich in der Tat über etwas mehr Zeit für meine Frau und die Familien meiner beiden Söhne und meine sieben Enkel oder für meine Hobbys nach. Der Wunsch, etwas langsamer den Tag anzugehen, wird also stärker. Aber die Indianer wählten nicht ohne Grund immer die Ältesten, Erfahrensten zu ihren Häuptlingen. Es gibt niemanden, der eine so große, in 50 Jahren erworbene Vertriebserfahrung hat wie ich, und diese möchte ich schon noch einige Zeit weitergeben.

Sie könnten den Vorsitz im Aufsichtsrat übernehmen, und Ihre Söhne gehen in den Vorstand.

Meine Söhne stehen ja in der Holding schon ganz oben. Außerdem habe ich schon gewisse Vorbereitungen dadurch getroffen, dass ich nicht länger Alleinvorstand bin und mich aus dem operativen Geschäft weitgehend zurückgezogen habe. Aber im Ruhestand fühle ich mich noch nicht.

Jeden erfolgreichen Gründer beschäftigt die Frage, wie sichere ich mein Lebenswerk. Ginge es ohne Sie nahtlos weiter?

Das glaube ich schon. Ich habe in den vergangenen Jahrzehnten so viel an Substanz geschaffen, dass dies ausreicht, den einen oder anderen Windstoß auszuhalten. Meine Söhne haben an meiner Seite alles miterlebt und wissen, worauf es entscheidend ankommt. Das Gebäude Deutsche Vermögensberatung, kann man sagen, ist weitgehend erdbebensicher.

4
Grundsätze

»Erfolg hat man gemeinsam – oder gar nicht«

Man tut Ihnen sicher nicht unrecht, wenn man Sie einen konservativen Menschen nennt. Konservative betonen gerne die Bedeutung von Werten. Welche Werte sind für Sie die wichtigsten?

Wir Menschen sind nicht zum Alleinsein bestimmt. Menschen können ohne Menschen nicht leben. Deshalb ist es so wichtig, anderen Menschen zu helfen, dass wir uns gegenseitig unterstützen. Aus diesem Grund würde ich, freilich als einen Wert von vielen, die Hilfsbereitschaft in den Vordergrund stellen. Natürlich auch Toleranz. Dazu kommen Anstand, Ehrlichkeit und Respekt vor anderen. Auch Zufriedenheit ist wichtig und wertvoll, wenngleich sie kein Wert ist, sondern eine Eigenschaft.

Treue, Fleiß, Pünktlichkeit, Ordnungssinn?

Pünktlichkeit ist für mich fast identisch mit Zuverlässigkeit. Besonders bei Pünktlichkeit habe ich eine hohe Erwartung an den anderen – auch an meine Frau zum Beispiel.

Sogar ansonsten zuverlässige Frauen können damit Schwierigkeiten haben.

(Lacht.) Oh ja.

Aber Frauen waren schon immer gerne unpünktlich. Das ist kein Beispiel für den Werteverfall.

Ach, wenn wir schon von Werteverfall reden wollen, da kommen mir viel eher die Usancen in den Vorständen großer deutscher Konzerne in den Sinn. Da wird häufig nach der Maxime gehandelt: Was dem anderen schadet, nützt mir. So etwas ist natürlich kein Wert, sondern ein »Unwert«.

Zählt Teamgeist für Sie auch zu den wichtigen Werten?

Das Miteinander, die Bereitschaft zur Zusammenarbeit, ja!

Lässt sich bei der Bedeutung von Werten zwischen Beruf und Privatleben unterscheiden? Sind Werte eher Privatsache?

Wohl kaum. Ich sehe das Private als prägend für das Berufliche an.

Worum ist es bei uns schlimmer bestellt, um die öffentliche Moral oder – weil sie oftmals fehlt – um die Moral in der Wirtschaft?

Bei beidem gibt es Veränderungen zum Negativen.

Würden Sie zustimmen, dass man den Eindruck haben kann, in der Wirtschaft sei das Streben nach Profit, sei die Gier zum Maß aller Dinge geworden?

In der Tat, und das bedauere ich. Die Gier – auch wieder ein »Unwert«. Ich glaube, gierige Menschen kennen wahre Not nicht, können sie gar nicht kennen. Sonst würden sie sich eher mit dem begnügen, was sie haben.

Wo würden Sie die Grenze ziehen zwischen dem Streben nach Gewinn oder hohem Einkommen und der Gier?

Streben nach Gewinn ist sicherlich vorteilhaft. Wenn niemand mehr nach Gewinn strebt, stagniert die Wirtschaft. Gier dagegen verleitet oft zu Fehlentscheidungen, die zu großen Nachteilen für andere führen. Die Gier nach persönlicher Macht kann Vorstände dazu verleiten, vieles im Unternehmen zu zerstören. Es gibt ja Beispiele für Manager, die bei ihrer Gier nach mehr Macht ihrem Unternehmen und seinen Aktionären durch sinnlose Fusionen sehr geschadet haben. Nehmen Sie zum Beispiel DaimlerChrysler. Ohne die Übernahme von Chrysler hätten die Daimler-Benz-Aktionäre nicht so viel Geld verloren. Solche Fusionen führen zwar zu mehr optischer Größe, aber nahezu stets zum Verlust von Arbeitsplätzen und Unfrieden unter den Mitarbeitern.

Und die Gier nach Erfolg?

In dem Begriff Gier steckt immer ein Stück Übertreibung, also etwas Ungesundes. Aber das Streben nach Erfolg, das ist wichtig. Das bringt meinen Mitarbeitern, den mir anvertrauten Menschen, sogar Nutzen.

Gäbe es nur Menschen, die sich schnell bescheiden, würde unserer Wirtschaftsordnung jeder Antrieb fehlen.

Ohne das Streben nach höherem Einkommen würde der Wirtschaft etwas Entscheidendes fehlen. Ohne Bereitschaft zur Leistung kommen wir nicht voran. Deshalb zieht sich ein Bestreben durch mein ganzes Lebenswerk: Leistung zu fördern. Ohne Anreiz wird nichts Neues geboren.

Die Grenze zwischen normalem Gewinnstreben und Gier wird doch in vielen deutschen Großunternehmen nicht mehr eingehalten. Das ist doch besonders auffällig bei Gehältern, Abfindungen und vielem mehr.

So ist es. Die Maßstäbe, die lange Zeit selbstverständlich waren, sind völlig außer Kraft gesetzt. Mit dem verständlichen Wunsch, voranzukommen und Erfolg zu haben, hat das nichts mehr zu tun. Auch das unternehmerische Streben nach Größe ist eine Art von Gier. Das Streben nach größeren Unternehmenseinheiten kann das Ziel haben, die eigene Firma vor der Konkurrenz oder vor einer feindlichen Übernahme zu schützen, aber als Selbstzweck schadet sie.

Früher gab es die Faustregel, der Chef verdient das 30- bis 40fache dessen, was der durchschnittliche Mitarbeiter hat. Heute verdienen Konzernvorstände das 300- oder 400fache des durchschnittlichen Gehalts ihrer Mitarbeiter.

Da stellt sich natürlich die Frage nach dem Zusammenhang zwischen extrem hohen Vergütungen und dem Erfolg eines Unternehmens. Sehen Sie: Der DAX bewegt sich heute in etwa da, wo er 1999 gestanden hat. Die durchschnittlichen Barbezüge der Vorstände der DAX-Unternehmen haben sich seit dieser Zeit aber mehr als verdoppelt. Dabei sind Aktien-Optionen und andere Leistungen noch gar nicht enthalten. In dieser unterschiedlichen Entwicklung von Aktienkursen und Vergütungen sehe ich ein grobes Missverhältnis.

Vorstände großer Unternehmen argumentieren gerne mit internationalen Vergleichen. Sie behaupten, im Vergleich mit amerikanischen oder britischen Kollegen wären deutsche Vorstände eher unterbezahlt.

Zunächst einmal leben Vorstände in angelsächsischen Unternehmen riskanter, sie werden bei Misserfolgen schneller abberufen als deutsche. Auch stellt sich die Frage, wie groß eigentlich auf dem internationalen Arbeitsmarkt die Nachfrage nach deutschen Managern mit angelsächsischen Gehaltsvorstellungen ist.

Was folgt daraus?

Es fehlen bei uns Meßlatten, die das aktuelle Gehaltsgefüge rechtfertigen könnten.

Bei uns sind ja nicht nur die Manager-Gehälter explodiert, sondern auch die Zusagen für Abfindungen.

Da gibt es meines Erachtens sogar einen engen Zusammenhang. Je höher das Gehalt, umso höher die Abfindung. Umso kräftiger wird also erfolglosen Vorständen der Abgang versüßt.

Verführt die Höhe der Bezüge also Ihrer Meinung nach eher zu riskantem unternehmerischem Verhalten?

Unbedingt, zumal Manager nur auf Zeit bestellt werden. Ich habe Erfahrungen gesammelt mit Gesellschaften, in denen die Vorstände kommen und gehen. Das ist fast so ausgeprägt wie in der Politik, wo einer heute Landwirtschaftsminister und morgen Kultusminister sein kann. Wo bleibt da die Kontinuität?

Wären Sie für oder gegen eine Veröffentlichung von Managergehältern?

Ich bin unbedingt dagegen.

Als Eigentümerunternehmer könnte Sie persönlich ja niemand zwingen, ihre Bezüge offen zu legen.

So ist das. Deshalb bin ich da ganz unbefangen. Ich lehne es dennoch strikt ab, die Bezüge einzelner Vorstände von Aktiengesellschaften zu veröffentlichen.

Warum eigentlich?

Weil bei uns in Deutschland dann sofort der Neid ins Spiel kommt. Das kann den Teamgeist in einem Unternehmen beschädigen oder gar zerstören.

Wäre die Gefahr der Selbstbedienung durch Vorstände nicht noch größer, wenn nichts publiziert würde?

Meine Ablehnung von Gehälterpublizität heißt nicht, dass ich für eine Explosion der Bezüge bin.

Was bedeutet Geld für Sie persönlich?

Da halte ich es mit Ludwig Erhard: ein Stück Freiheit. Ich arbeite nicht, um immer mehr Geld zu verdienen.

Sie sagen nicht, Geld macht glücklich?

Nein, Geld allein macht nicht glücklich. Andererseits kann Geldmangel auch die Ursache von Unglück sein. Man kann ohne Geld zweifellos nicht leben. Mein Beruf ist es ja, Menschen dabei zu helfen, mehr aus ihrem Geld zu machen, finanzielle Vorsorge zu treffen. Aber Geld ist nicht alles. Geld darf nicht der Maßstab aller Dinge sein. Wie viele Ehen zerbrechen am ewigen Streit ums Geld? In wie vielen Familien gibt es Streit wegen der Aufteilung von Erbschaften? Auch die meisten Verbrechen haben einen finanziellen Hintergrund.

Ist es nicht so, dass gerade diejenigen, die viel Geld besitzen, sagen, es komme nicht so sehr aufs Geld an.

Da ist was dran, ja. Sie können jetzt sagen, der Pohl hat gut reden. Aber meine Mitarbeiter nehmen mir ab, dass ich in meinem Alter nicht mehr arbeite, um immer mehr Geld zu haben,

Erinnern Sie sich noch an Ihr erstes Gehalt?

Das war 1947: 225 Reichsmark im Monat.

Das war als Jugendsekretär der Liberal-Demokraten in Sachsen-Anhalt. Konnten Sie sich damit etwas Besonderes leisten?

Nein, das reichte gerade für einen ganz bescheidenen Lebensunterhalt.

Wie ging's dann finanziell weiter?

Bei Gerling waren es 400 Mark im Monat. Das war auch nicht viel.

Was würden Sie machen, wenn Sie plötzlich, einfach so, eine Million Euro bekämen?

Die Million würde ich einer guten Sache stiften. Vielleicht auch in meine Stiftung investieren.

Sie sagten, Geld allein könne Sie nicht mehr reizen. Was wäre für Sie die angemessene Form der Anerkennung?

Ich sehe, dass die negativen Stimmen zu meinem Lebenswerk immer leiser werden. Das empfinde ich als Anerkennung. Und es freut mich, dass man mich immer mehr nachahmt. Die deutschen Banken übernehmen immer mehr mein System der Allfinanz und der häuslichen Beratung, das so genannte Klinkenputzen, für ihren eigenen Kundenservice. Da kann ich nur sagen: Nachahmung ist die höchste Form der Auszeichnung.

Ihr Lebenswerk wurde ja in der Öffentlichkeit lange Zeit nicht erkannt oder gar anerkannt.

Da haben Sie Recht. Als ich vor vielen Jahren in Marburg Ehrensenator der Universität werden sollte, gab es eine heftige Debatte. Linke Studenten sagten, wie kann man einem Unternehmer, der sein Geld mit Drückerkolonnen verdient, diese höchste Auszeichnung der Universität verleihen. Aber die Professoren hielten dagegen, für das, was der Pohl geschaffen hat, hätte man in früheren Zeiten einen Preis bekommen. Ich habe ja Millionen Menschen dabei geholfen, Vermögen zu bilden und Vorsorge zu treffen.

Sie sind dreifacher Ehrendoktor, haben hohe Auszeichnungen der Bundesrepublik, Österreichs und Portugals erhalten. Macht Sie das stolz?

Ich bin schon etwas stolz, aber vor allen Dingen, weil diese Auszeichnungen auch meine Mitarbeiter stolz sein lassen. Ich empfinde mich bei allen Ehrungen sehr stark als Stellvertreter meiner Mitarbeiter. Anerkennungen sind weniger wert, wenn man sie nur auf sich selbst bezieht. Immer wenn ich geehrt wurde, wurden auch meine Mitarbeiter geehrt.

Sind Sie eitel?

Nein.

Überhaupt nicht?

(Lacht.) Meine Frau sagt, ich sollte ein bisschen mehr auf mein Äußeres achten, nicht immer dieselbe Krawatte umbinden. Ich stelle mit Überraschung fest, dass immer mehr Männer sich für Kosmetik interessieren. Das ist für mich unbegreiflich.

Also, die Haare würden Sie sich nicht färben lassen?

Nein, nie! Also insofern bin ich nicht eitel. Und in meiner Jugend, die mich, wie Sie wissen, ungewöhnlich stark prägte, waren diese Dinge absolut bedeutungslos. Dabei bleibt es für mich. Ich glaube, in meinem Lebensalter sind Menschen nicht mehr umzuformen.

Ihnen ist im Leben nichts geschenkt worden. Spätere Generationen hatten es leichter. Hat der Wohlstand die Deutschen bequem und müde werden lassen?

Ich fürchte, dass die im Wohlstand groß gewordenen Generationen nicht die erforderliche Härte haben für dringend nötige Veränderungen. Sie leben gefährlicher, weil sie Not nicht kennen. Sehen Sie, wenn jemand einmal schwer krank war, dann lebt er hinterher meistens gesünder und vernünftiger. Wer nie krank war, achtet weniger auf seine Gesundheit. Es kommt ja nicht von ungefähr, dass viele Familienunternehmen nach der dritten Generation am Ende sind.

Auch der tüchtigste Unternehmer kann nicht erfolgreich sein ohne tüchtige Mitarbeiter. Was sind für Sie die entscheidenden Kriterien, nach denen Sie Ihre Mitarbeiter aussuchen?

Ganz wichtig ist natürlich die fachliche Qualifikation. Ich erwarte auch Ehrlichkeit und Loyalität. Ohne Teamgeist geht es sowieso nicht. Und dann lege ich als Unternehmer besonderen Wert darauf, dass meine Mitarbeiter die DVAG nicht bloß als Zwischenstation ansehen. Die Treue der Mitarbeiter, ihre Verbundenheit mit dem Unternehmen, das ist eigentlich das wichtigste Kapital jedes Unternehmens. Leider ist die Treue zu einem Unternehmen aber allgemein im Schwinden. Gott sei Dank nicht bei uns.

Ich erinnere mich an die These, wer zu Beginn des Berufslebens nicht alle zwei Jahre den Arbeitgeber wechsele, könne keine Karriere machen. Das war in den achtziger Jahren die gängige Philosophie.

Da bin ich absolut gegenteiliger Meinung. Ich würde niemanden für eine Führungsposition auswählen, aus dessen Lebenslauf ich erkenne, dass er ein »Job-Hopper« ist.

Welche fehlenden Charaktereigenschaften wären für Sie ein Anlass, sich von Mitarbeitern zu trennen?

Da berühren Sie meine Grundüberzeugung, ein Unternehmen muss eine berufliche Familiengemeinschaft sein. Wer persönliche Interessen über die einer solchen Gemeinschaft stellt, den würde ich verabschieden.

Wie wichtig ist die Vorbildfunktion einer Führungskraft?

Sie ist das A und O. Wenn der Vorgesetzte nicht bereit ist, sozusagen vorne zu marschieren, kann er von den Mitarbeitern auch nicht so viel Engagement und Einsatz erwarten, wie für das Unternehmen notwendig sind.

Kommen wir zu einem anderen Thema, das Ihr Leben mitbestimmt hat, nämlich die Politik. Zur LDP sind Sie seinerzeit gewissermaßen durch Zufall gekommen, aber auch, weil die Liberalen antikommunistisch waren. Wie stark hat der Antikommunismus Sie geprägt?

Ganz entscheidend. Vor allem hat mich die Gleichmacherei der sozialistischen und kommunistischen Ideologien abgestoßen. Sie sind diametral dem Leistungsgedanken entgegengesetzt, für den ich stehe. Inzwischen hat sich ja erwiesen, dass ein System der Gleichmacherei nichts taugt. Aber um auf den Beginn meines politischen Engagements damals in Halle zurückzukommen: Ich bin eher durch Zufall in die Politik geraten, aber ich bin dann aus Überzeugung dabei geblieben. Das Engagement für eine Politik, die zu mir passt, begann schon früh und dauert bis heute an.

Die eigentliche große antikommunistische Partei in Deutschland war die CDU. Insofern hätten Sie, als Sie in den Westen kamen, eigentlich bei der CDU landen müssen.

Richtig. Aber in Marburg hatte die CDU absolut nichts, was mich hätte anziehen können. Die Schwarzen hatten hier, anders als etwa in Köln oder Münster, überhaupt keine Chance, die CDU gab es hier fast nicht. Aber ich wollte ja etwas bewirken. Deshalb ging ich zu den Liberalen als der einzigen bedeutenden antikommunistischen Partei in der roten Hochburg Marburg.

Damals gehörten Sie in der FDP zu den National-Liberalen.

Der Begriff national-konservativ gefällt mir besser.

Gut. National-konservativ, das hieß unter anderem: Eintreten für die Wiedervereinigung. Wie wichtig war diese Idee für Sie?

Sie war mir sehr wichtig. Aber ich habe an der Realisierung gezweifelt. Ich erkannte, dass es zu wenige Kräfte gab, die ernsthaft dafür eintraten.

Wer in den siebziger Jahren diese Zweifel hatte, konnte zwei Folgerungen ziehen. Die Sozialliberalen sagten, vergessen wir das Ganze. Helmut Kohl und die CDU sagten, wir können im Moment die Wiedervereinigung nicht erreichen, aber wir dürfen nichts tun, was das Fernziel der Wiedervereinigung irgendwie beeinträchtigen könnte.

Das war auch meine Sicht. Es wohnte ja noch ein großer Teil meiner Verwandten und Freunde in der DDR. Mein Vater hatte acht Geschwister, ich habe also viele Vettern und Cousinen. Viele sind in der DDR geblieben, den heutigen neuen Ländern. Die Kontakte zu den Mitgliedern meiner Großfamilie bewogen mich, das Thema Wiedervereinigung in all den Jahren nicht zu verdrängen, wie das viele hier im Westen taten. Dabei muss ich sagen, dass die Pohl-Familie immer national gesinnt war. Ein Bruder meines Vaters war enger Mitarbeiter von

Konrad Henlein, dem Gründer der Sudetendeutschen Partei in der Tschechoslowakei.

Sind Sie seinerzeit noch in die DDR gefahren?

Überhaupt nicht. Es war mir untersagt, da ich als politischer Flüchtling galt.

Das erste Mal waren Sie dann wohl 1989 wieder drüben?

Ich habe nach der Wende meiner Familie gezeigt, wo ich in Halle an der Saale drei Jahre gewohnt habe.

Jemand wie Sie, der von früher Kindheit an politisch engagiert war, hatte doch eigentlich beste Voraussetzungen für eine hauptberufliche politische Karriere.

Das kam nie in Frage. Bei der LDP war ich Angestellter, das war ein Broterwerb, weil ich zum Studium nicht zugelassen wurde. Ich hatte immer meine Unabhängigkeit im Auge, ich wollte nicht von anderen, sondern nur von meiner eigenen Leistung abhängig sein. Frühzeitig erkannte ich, dass, wer von der Politik lebt, unter eine Art Joch kommt. Sehen Sie, als politisch Interessierter habe ich in Bonn auf der Zuschauerbank etliche Sitzungen des ersten Bundestags verfolgt. Ich war beeindruckt, dass im Bundestag Menschen zusammenkamen, die nebenbei Abgeordnete waren, im Übrigen aber ihren Beruf hatten. Das hat sich dann gewandelt. Später wurde mir klar, dass zu viele Abgeordnete gar nicht von den Wählerstimmen abhängen, sondern von ganz wenigen Personen in den Parteien, nämlich von denen, die über die Vergabe von Wahlkreisen und Listenplätzen entscheiden. Diese Abhängigkeit wollte ich nicht, da blieb ich lieber politischer Amateur.

Was waren Ihre höchsten politischen Ämter?

In Marburg war ich stellvertretender Stadtverordneten-Vorsteher, in Hessen Landesvorstandsmitglied der FDP und Vorsitzender der Jungdemokraten. Ich gehörte auch zu den Gründern des Liberalen Hochschulbundes in der Bundesrepublik. In der CDU war ich immer nur einfaches Parteimitglied, ohne jedes Amt.

Sie sind 1970 von der FDP zur CDU gewechselt …

Nein, ich bin schon 1969 aus der FDP ausgetreten, weil sie geradezu kommunistische Tendenzen entwickelt hatte. Sie war damals in Marburg unterwandert von linken Studenten. Ich bin dann im folgenden Jahr, also 1970, in die CDU eingetreten.

Sie sind also ausgetreten, noch ehe die FDP mit der SPD eine Koalition bildete?

Ja, ich habe gesehen, wohin die Reise ging. Dazu haben die Vorgänge in Marburg beigetragen.

Für Ihre Entfremdung von der FDP, gab da die Ostpolitik den Ausschlag oder war es die Gesellschaftspolitik?

Eher die Ostpolitik.

Die FDP ist heute mit ihrem wirtschafts- und gesellschaftspolitischen Kurs der alten Mende-FDP wieder näher als zu Scheels und Genschers Zeiten.

Richtig.

Theoretisch könnten Sie also wieder zurück zur FDP.

So ist es. Es gibt zwar gewisse Dinge, die mir nicht behagen. Aber mit den elementaren Ansichten der FDP könnte ich gut leben.

Sprechen wir über Ihre heutige Partei, die CDU. Angela Merkel hatte die Union auf einen strikt marktwirtschaftlichen Kurs zurückgebracht. Aber die Wähler haben das bei der Bundestagswahl 2005 nicht unterstützt …

… ja, ihr Mut ist leider nicht so belohnt worden, wie ich mir das für unser Land gewünscht hätte. Aber ich bin davon überzeugt, dass Angela Merkel nach wie vor näher bei Ludwig Erhard ist als bei Norbert Blüm.

Was man aber zurzeit nicht unbedingt merkt.

Das ist das Schlimme, dass Angela Merkel zusammen mit der SPD nicht dieselben Reformen anpacken kann, wie das in einer Koalition mit der FDP möglich gewesen wäre. Aber so wenig, wie wir Unternehmer uns unsere Kunden backen können, so wenig können sich Politiker ihre Wahlergebnisse backen.

Was ist im Programm der CDU für Sie das Wichtigste?

Natürlich das Bekenntnis zur Marktwirtschaft und zum Leistungsgedanken. Wer mehr arbeitet, soll mehr haben.

Eine gewisse Sozialdemokratisierung der CDU in den neunziger Jahren ist aber nicht zu übersehen.

Die CDU hat auch entscheidende Fehler gemacht, vor allem die Sozialpolitik Norbert Blüms hat das Land in große Schwierigkeiten gebracht. Die CDU ist zu weit abgerückt von der sozialen Marktwirtschaft à la Ludwig Erhard.

Markt wurde klein geschrieben und sozial groß.

Das hat mich sehr, sehr gestört.

Wer über Politik spricht, muss bedenken, dass weniger als zwei Prozent der Wahlberechtigten Mitglied einer Partei sind. Halten Sie die Deutschen für unpolitisch oder die Parteien für zu wenig attraktiv?

Beides spielt eine Rolle. In den Aufbaujahren Deutschlands war ein Politiker noch viel angesehener. Jetzt sagen sogar schon Politiker selber öffentlich, dass sie immer weiter an Ansehen verlieren. Hinzu kommt, dass die Deutschen im Grunde Streitigkeiten nicht mögen, also auch nicht das Gegeneinander politischer Richtungen. Das bedauere ich.

Warum sind eigentlich so wenige Unternehmer und Manager politisch aktiv?

Wahrscheinlich, weil sie Nachteile befürchten, wenn sie es wären.

Das ist ja kein Zeichen von Mut.

Leider. Das kann man auch Opportunismus nennen.

Aber für ein Foto mit dem Kanzler oder der Kanzlerin tun manche Manager sehr viel.

Ich habe vor einiger Zeit gesagt, dieselben, die sich heute um Kanzler Schröder drängen, werden sich morgen genauso um eine Kanzlerin Merkel bemühen. Da vermisse ich manchmal jede Souveränität.

Unterstützen Sie im eigenen Haus politisches Engagement? Wenn einer Ihrer Regionaldirektoren für den Bundestag kandidierte, was wäre dann?

Das kann er tun. Ich würde es sogar begrüßen, aber er muss gleichzeitig seine Pflicht in der Firma erfüllen. Das könnte schwierig werden. Auch deshalb gibt es ja leider im Bundestag so wenige Selbständige und so viele Beamte und Funktionäre.

Müssten dann aber nicht gerade die Unternehmen es Ihren Mitarbeitern leichter machen, ein Mandat anzustreben?

Unbedingt. Wichtigste Voraussetzung wäre natürlich die Zusage des Unternehmens, bei Verlust des Mandats wieder im Unternehmen tätig sein zu können. Ich würde das zusagen.

Ich habe den Eindruck, dass Manager lieber Schecks ausstellen, als sich politisch zu engagieren. Wobei Mäzenatentum natürlich nichts Schlechtes ist.

Es ist sogar notwendig. In Amerika finanzieren sich viele angesehene Universitäten über ihre Mäzene. Das nützt der ganzen Gesellschaft.

Man könnte auch den Standpunkt vertreten, eine Aktiengesellschaft sollte ihre Gewinne entweder investieren oder das Geld an die Aktionäre ausschütten, aber nicht für irgendwelche Wohltaten ausgeben.

Da haben Sie Recht. Man muss aber unterscheiden zwischen Familienunternehmern, also Eigentümern, und angestellten Managern. Wenn ich etwas spende, kann mir kein Mitarbeiter einen Vorwurf machen. Es ist ja letztlich mein Geld. Leider unterscheiden die Empfänger nicht immer, ob eine Million beispielsweise von Jürgen Schrempp kommt, also letztlich von den Aktionären von DaimlerChrysler, oder – und das ist etwas ganz anderes – von einem Unternehmensinhaber wie mir.

Sie sind bekanntlich sehr großzügig. Sie unterstützen Hochschulen, Parteien, geben Geld für andere gute Zwecke. Was ist dabei Ihr Motiv?

Der rote Faden in meinem Leben war immer, anderen Menschen Hilfe zu bringen. Das war mir immer ein Anliegen. Gott sei Dank kann ich es mir finanziell leisten, so dass sich auch meine Mitarbeiter darüber freuen, wenn ich Gutes tue.

Sie gehörten ja an Weihnachten 2004 bei der Flutkatastrophe in Asien zu den ersten und großzügigsten Spendern – eine Million Euro für Unicef.

Noch nie habe ich so viele zustimmende Briefe meiner Vermögensberater erhalten wie bei dieser Spende. Meine Frau, meine beiden Söhne und ich hatten uns nach kurzer telefonischer Abstimmung spontan schon am Abend des 27. Dezember dazu entschlossen. Gerade der so frühe Zeitpunkt und die Höhe der Spende erfüllte unsere Mitarbeiter mit Stolz, auch im Vergleich zu dem, was andere, viel größere Unternehmen taten.

Ihr Schwerpunkt liegt auf der Förderung der Medizin?

Ich tue viel für die Gesundheitsfürsorge wie etwa im Fall des Marburger Klinikums. Aber ich konzentriere mich bei meiner finanziellen Hilfe nicht ausschließlich auf medizinische Einrichtungen. Zuerst hatte ich die Dr.-Reinfried-Pohl-Stiftung gegründet. Das war und ist mein Dankeschön für meine Fakultät der Rechtswissenschaften hier in Marburg. Als ich gesehen hatte, wie schlecht die Bibliothek und das Institutsgebäude ausgestattet waren, da musste ich einfach helfen. Dann wandte ich mich der medizinischen Fakultät zu und stellte die Mittel für eine Stiftungsprofessur für präventive Kardiologie zur Verfügung. Dies kommt vielen Menschen zugute, nicht zuletzt auch einigen meiner Mitarbeiter. Früher war außerdem mein Engagement für die ZNS-Stiftung von Hannelore Kohl sehr stark. ZNS unterstützt ja Menschen mit Schädigungen des Zentralen Nervensystems. Da sah ich eine gewisse Parallele zu meinem Beruf, nämlich der Vorsorge gegen Unfall und Not.

Wo ziehen Sie die Grenze zwischen privatem Mäzenatentum und Sponsoring durch Ihr Unternehmen?

Beim Auftritt als Sponsor wie beim 1. FC Kaiserslautern erhoffe ich mir natürlich auch wirtschaftliche Vorteile. Immerhin kann ich mich rühmen, den 1. FC Kaiserslautern 1996 nach dem Abstieg aus der ersten Bundesliga entscheidend unterstützt und später sogar vor dem Untergang gerettet zu haben.

Das hat sie viel Geld gekostet, angeblich 10 Millionen Euro.

Ja, sehr viel Geld. Damit habe ich dem Verein geholfen, aber gleichzeitig auch der Stadt Kaiserslautern und der ganzen Pfalz. Geschäftlich hat es sich aber nicht sonderlich ausgezahlt.

Können Sie nicht feststellen, dass Ihre Außendienstmitarbeiter höhere Umsätze in der Pfalz machen, seitdem Kaiserslautern mit dem DVAG-Logo auf dem Trikot spielt?

Also, wir bekamen in der Pfalz sicher einen etwas höheren Stellenwert. Aber wie sich unser Engagement wirtschaftlich auswirkt, das lässt sich ja ohnehin nicht genau messen. Im Fall des 1. FCK ist das Sponsoring dann in Mäzenatentum umgeschlagen.

Kann es nicht unter Umständen schlecht fürs Geschäft sein, einen Fußballverein zu sponsern? Ein Unternehmen macht sich dadurch vielleicht bei den Fans aller anderen Mannschaften unbeliebt.

Nicht in diesem Fall. Kaiserslautern ist eine Mannschaft, die – anders als die Bayern – nicht polarisiert. Sie wird – wie keine andere – zu Recht mit dem Wunder von Bern in Verbindung gebracht. Fritz Walter ist eben der Inbegriff jener Fußballwelt, in der Sport noch wichtiger war als Business.

Michael Schumacher hat das DVAG-Logo auf seiner Mütze. Der brauchte ja wohl keine Unterstützung.

(Lacht.) Nein, Michael braucht wirklich keine Hilfe von mir. Da ging es darum, einen Leistungsträger als Vorbild zu benennen. Mit Hilfe Michael Schumachers wollte ich meinen Mitarbeitern größeres Selbstbewusstsein verschaffen. Es motiviert unsere Vermögensberater, wenn auf der Kappe dieses so erfolgreichen Sportlers unser Unternehmenslogo zu sehen ist. Denn Michael Schumacher ist ein gutes Beispiel für einen Team-Arbeiter. So sagt Schumi nach jedem Rennen, er verdanke den Sieg auch seinem Team. Diesen Zusatz vergisst er nie, was ich toll finde. So sehe ich das auch bei der DVAG, so sollen das auch meine Berater sehen: Wir sind eine Mannschaft. Wir haben entweder gemeinsam Erfolg – oder wir haben keinen Erfolg.

Wir haben jetzt über Grundsätze und Werte gesprochen, durchaus mit einem kritischen Unterton. Aber war früher wirklich vieles – manche sagen: alles – besser? Oder wird im Rückblick vieles verklärt?

Menschen, die älter werden, neigen oft dazu, die Vergangenheit schöner zu färben, als sie war. Vielleicht ist das auch die Folge davon, dass das Langzeitgedächtnis im höheren Alter besser funktioniert. In Deutschland gab es eine besondere Situation. Im freien Teil unseres Landes konnten wir eine ganz ungewöhnlich lange Zeit großen Wohlstand genießen. Eine so lange Periode von Frieden und Wohlstand hatte es in unserer Geschichte vorher nie gegeben. Das prägt die Erinnerungen der Deutschen. Das macht aber jetzt den Abschied von diesen Zeiten umso schmerzlicher.

5
Begegnungen

»Ein Helmut Kohl bricht nicht sein Ehrenwort«

Sie sind in Ihrem Leben vielen Persönlichkeiten aus Politik und Wirtschaft begegnet. Wer hat Sie am meisten beeindruckt?

In der Politik war das zweifellos Helmut Kohl.

Warum?

Seit mehr als 30 Jahren habe ich, mit Unterbrechungen, relativ engen Kontakt zu ihm. Immer wieder habe ich, vielleicht mehr als andere, seine Persönlichkeit und seine Erfolge aus der Nähe verfolgen und bewerten können.

Was war Ihrer Meinung nach Kohls größte politische Leistung?

Unbestritten, wie er die Chance zur deutschen Wiedervereinigung nutzte. Und das war die Voraussetzung für seine zweite große Leistung, entscheidend an der Gestaltung der europäischen Währungsunion und der Einführung des Euro mitgewirkt zu haben. Also »Vater« der deutschen Einheit und »Mitvater«, wenn man das so formulieren kann, der europäischen Einigung. Völlig zu Recht ist Helmut Kohl deshalb als erster Deutscher Ehrenbürger Europas geworden.

Sie haben ja schon erzählt, dass Sie 1971 im Bonner Konrad-Adenauer-Haus für die Bonnfinanz vier Etagen angemietet hatten. Kam es dabei zur ersten Begegnung mit Kohl?

Nicht unmittelbar bei unserem Einzug, erst später. Helmut Kohl war ja noch nicht Parteivorsitzender, aber galt schon als der kommende Mann. Er dachte wohl, wer wie ich mit der Bonnfinanz ins Konrad-Adenauer-Haus einzieht, der wolle wohl auch mal wissen, wer der Vermieter ist.

Und so kam Kohl mal kurz vorbei?

Ja, auf diese Weise begegneten wir uns das erste Mal.

Hat sich von da an eine Freundschaft entwickelt?

Nein. Unsere Freundschaft begann erst später. Ich habe Helmut Kohl zum Beispiel dadurch einen großen Gefallen getan, dass ich dem ehemaligen Präsidenten des Europaparlaments, Egon Klepsch, ein Angebot bei der DVAG machte. Für mein Unternehmen wurden später viele CDU-Politiker tätig, die aus der aktiven Politik ausgeschieden waren. Das fiel Helmut Kohl natürlich auf.

Walter Wallmann, der ehemalige hessische Ministerpräsident, kam ja auch zur DVAG.

Ja, auch das war später, 1991. Nach dieser Zeit, so Mitte der neunziger Jahre, wurde aus meiner guten Bekanntschaft mit Kanzler Helmut Kohl eine Freundschaft.

Hat Helmut Kohl Sie auch gelegentlich in wirtschaftspolitischen Fragen um Rat gefragt?

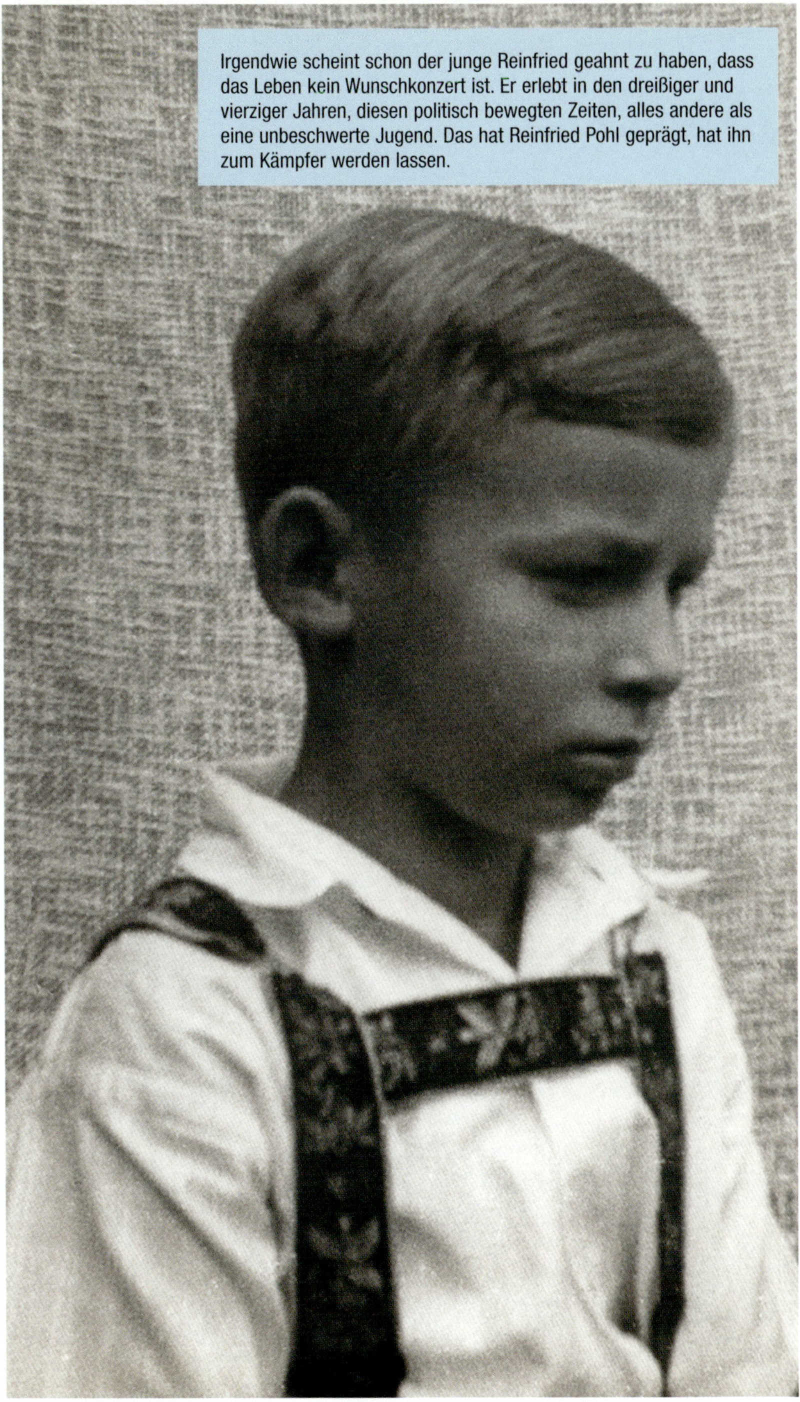

Irgendwie scheint schon der junge Reinfried geahnt zu haben, dass das Leben kein Wunschkonzert ist. Er erlebt in den dreißiger und vierziger Jahren, diesen politisch bewegten Zeiten, alles andere als eine unbeschwerte Jugend. Das hat Reinfried Pohl geprägt, hat ihn zum Kämpfer werden lassen.

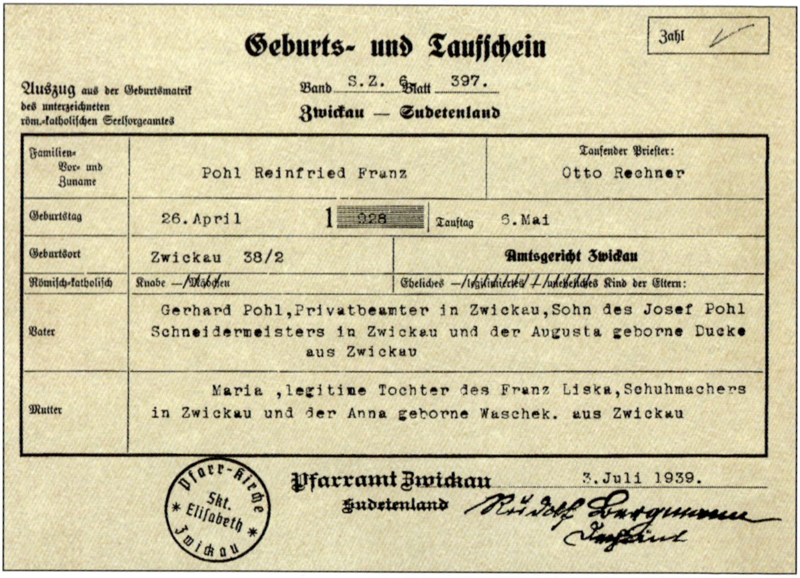

Geburts- und Taufschein

Zahl ✓

Auszug aus der Geburtsmatrik des unterzeichneten röm.-katholischen Seelsorgeamtes

Band S.Z. 6 Blatt 397.

Zwickau — Sudetenland

Familien- Vor- und Zuname	Pohl Reinfried Franz	Taufender Priester: Otto Rechner
Geburtstag	26. April 1928	Tauftag 6. Mai
Geburtsort	Zwickau 38/2	Amtsgericht Zwickau
Römisch-katholisch	Knabe — / Mädchen	Eheliches — / legitimiertes — / uneheliches Kind der Eltern:
Vater	Gerhard Pohl, Privatbeamter in Zwickau, Sohn des Josef Pohl Schneidermeisters in Zwickau und der Augusta geborne Ducke aus Zwickau	
Mutter	Maria, legitime Tochter des Franz Liska, Schuhmachers in Zwickau und der Anna geborne Waschek. aus Zwickau	

Pfarr-Kirche Skt. Elisabeth Zwickau

Pfarramt Zwickau 3. Juli 1939.

Sudetenland

Oben: Nach dem »Anschluss« des Sudetenlandes an das Deutsche Reich wird der Geburts- und Taufschein Reinfried Pohls neu ausgestellt – auf Deutsch und mit der Bezeichnung »Sudetenland« statt Tschechoslowakische Republik. **Rechts:** Vater Gerhard Pohl, 1895 als Sohn eines Schneidermeisters geboren, wird als Finanzbeamter in den dreißiger Jahren von den Tschechen entlassen, weil er Deutscher ist. Seine Frau Maria, Jahrgang 1900, stammt aus einer sudetendeutschen Schuhmacherfamilie.

Schon an der Kleidung konnte man im Sudetenland die Nationalitäten unterscheiden. Wenn Jungen weiße Kniestrümpfe trugen wie hier Reinfried Pohl (zweiter von rechts), dann waren sie Deutsche. Auf dem Bild vor dem Elternhaus ist links neben Reinfried sein Bruder Helmut zu sehen, zusammen mit Freunden aus der Nachbarschaft.

Drei Brüder im Sonntagsstaat: Reinfried (Bildmitte) war der Jüngste (Jahrgang 1928). Gerhard (rechts) war sieben Jahre, Helmut (links) vier Jahre älter als Reinfried. Beide leben nicht mehr.

Wandertag der Volksschule Zwickau. Reinfried Pohl marschiert ganz vorne in der ersten Reihe (ganz außen). **Rechts:** 1938 feiert der Zehnjährige seine Erstkommunion (vordere Reihe, vierter von links).

Für Reinfried Pohl (hintere Reihe, dritter von links) und seine Mitschüler in der Jungen-Oberschule von Böhmisch-Leipa endet die Schulzeit abrupt ein Jahr vor dem Abitur: Im Frühjahr 1944 wird die ganze Klasse eingezogen und als Luftwaffenhelfer in Prag stationiert.

Selbst im furchtbaren Krieg funktionieren Verwaltung und Post: Am 8. Mai 1945, am Tag der deutschen Kapitulation, erhält Pohls Vater Post vom Rektor der »Oberschule für Jungen«: das »Abgangszeugnis für Luftwaffenhelfer« für Sohn Reinfried. Der Brief ist am 7. Mai 1945 abgestempelt.

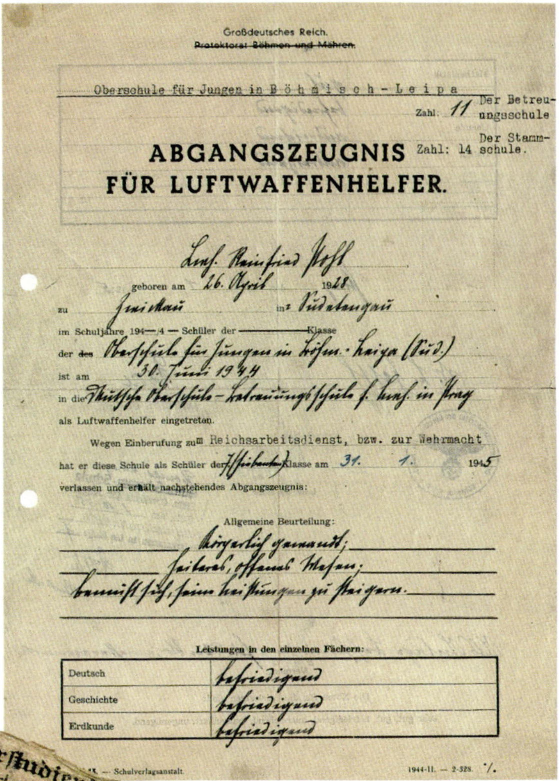

Großdeutsches Reich.
~~Protektorat Böhmen und Mähren.~~

Oberschule für Jungen in Böhmisch-Leipa

Zahl: 11 Der Betreuungsschule
Zahl: 14 Der Stammschule.

ABGANGSZEUGNIS
FÜR LUFTWAFFENHELFER.

Lwh. Reinfried Pohl

geboren am 26. April 1928

zu Zwickau in Sudetengau

im Schuljahre 194—/4 — Schüler der ———— Klasse

der ~~des~~ Oberschule für Jungen in Böhm.-Leipa (Sud.)

ist am 30. Juni 1944

in die Deutsche Oberschule-Betreuungsschule f. Lwh. in Prag

als Luftwaffenhelfer eingetreten.

Wegen Einberufung zum Reichsarbeitsdienst, bzw. zur Wehrmacht

hat er diese Schule als Schüler der 7. Klasse am 31. 1. 1945

verlassen und erhält nachstehendes Abgangszeugnis:

Allgemeine Beurteilung:

Körperlich gewandt; heiteres, offenes Wesen; bemüht sich, seine Leistungen zu steigern.

Leistungen in den einzelnen Fächern:

Deutsch	befriedigend
Geschichte	befriedigend
Erdkunde	befriedigend

...45. — Schulverlagsanstalt. 1944-II. — 2-328. ⁄.

Der Oberstudiendirektor der Oberschule für Jungen Böhmisch-Leipa

Frei durch Ablösung Reich

Der Leiter der Oberschule für Jungen

R Böhmisch-Leipa 11a 917

11a

Herrn
Gerhard Pohl
Buchhalter

Zwickau

Dammstrasse 201/II.

Einschreiben

BÖHMISCH
-7.5.45

Mit 16 Jahren Luftwaffenhelfer und Richtkanonier in Prag (unteres Bild: sitzend), dann noch in den letzten Kriegsmonaten mit Panzerfaust und Fahrrad an die Ostfront: Reinfried Pohl hat die Schrecken des Krieges durchgemacht und den Tod kennen gelernt. Und hat zugleich großes Glück. Er überlebt unverwundet und entkommt durch Zufall der russischen Gefangenschaft.

Mit 17 Jahren – noch als Schüler – gehört Reinfried Pohl zu den Mitbegründern der Liberal-Demokratischen Partei (LDP) in der sowjetisch besetzten Zone. 1948 entzieht er sich der Verhaftung durch die sowjetische Militärpolizei in letzter Minute durch die Flucht nach West-Berlin. **Unten:** Die von sowjetischen Militärs kontrollierten Zeitungen berichten von seinen »antidemokratischen« und »reaktionären« Taten.

Universitätsbetriebsgruppe der LDP wegen antidemokratischer Haltung aufgelöst

Halle (ADN). Die Betriebsgruppe der LDP bei der Martin-Luther-Universität Halle wurde längere Zeit von den Reaktionären Selbmann und Pohl geleitet, die vor einigen Tagen nach dem Westen geflüchtet sind. Selbmann und Pohl trieben unter den Studenten eine antidemokratisch reaktionäre Politik, die gegen die demokratische Ordnung in der sowjetischen Besatzungszone und gegen die durchgeführte demokratische Reform gerichtet war. Außerdem haben sie in der Universität antidemokratische Flugblätter verteilt. Ihre antidemokratische Tätigkeit wurde von dem ehemaligen Geschäftsführer des Landesvorstandes der LDP Altmann unterstützt. Angesichts dessen, daß die Universitätsbetriebsgruppe der LDP keine Maßnahmen zur Säuberung ihrer Leitung von ähnlichen Reaktionären rechtzeitig getroffen hat, hat die SMA beschlossen, die Universitätsbetriebsgruppe der LDP aufzulösen.

[illegible] v. 5.11.48

LDP Studentengruppe aufgelöst

Halle (Eigener Bericht). Auf Befehl der SMA ist die Universitäts-Betriebsgruppe der LDP an der Universität Halle aufgelöst worden. Als Begründung wird angegeben, die Gruppe habe „keine rechtzeitigen Maßnahmen zur Säuberung ihrer Leitung von den reaktionären Studenten Selbmann und Pohl" getroffen, die kürzlich nach Westdeutschland geflohen sind. Diese Studenten, so macht die SMA geltend, hätten „eine gegen die demokratische Ordnung der sowjetischen Besatzungszone gerichtete reaktionäre Politik" getrieben und Flugblätter verteilt.

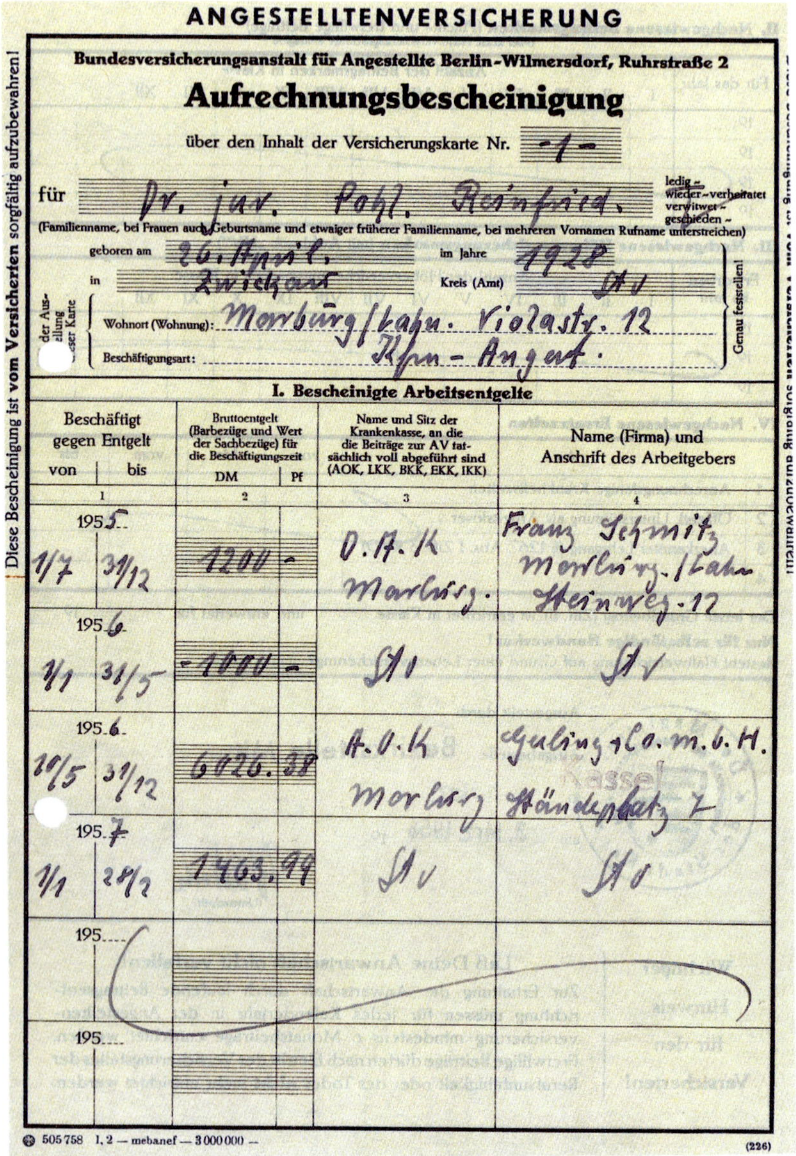
ANGESTELLTENVERSICHERUNG

Diese Bescheinigung ist **vom Versicherten** sorgfältig aufzubewahren!

Bundesversicherungsanstalt für Angestellte Berlin-Wilmersdorf, Ruhrstraße 2

Aufrechnungsbescheinigung

über den Inhalt der Versicherungskarte Nr. -1-

für Dr. jur. Pohl, Reinfried. — ledig – wieder – verheiratet verwitwet – geschieden –

(Familienname, bei Frauen auch Geburtsname und etwaiger früherer Familienname, bei mehreren Vornamen Rufname unterstreichen)

geboren am 26. April im Jahre 1928

in Zwickau Kreis (Amt) Stv

Wohnort (Wohnung): Marburg/Lahn. Violastr. 12

Beschäftigungsart: Kfm-Angest.

Genau feststellen!

I. Bescheinigte Arbeitsentgelte

Beschäftigt gegen Entgelt von	bis	Bruttoentgelt (Barbezüge und Wert der Sachbezüge) für die Beschäftigungszeit DM	Pf	Name und Sitz der Krankenkasse, an die die Beiträge zur AV tatsächlich voll abgeführt sind (AOK, LKK, BKK, EKK, IKK)	Name (Firma) und Anschrift des Arbeitgebers
1		2		3	4
1955 1/7	31/12	1200	-	O.A.K Marburg.	Franz Schmitz Marburg/Lahn Steinweg 12
1956 1/1	31/5	1000	-	Stv	Stv
1956 10/5	31/12	6026	38	A.O.K Marburg	Gerling & Co. m.b.H. Händelplatz 7
1957 1/1	28/2	1463	99	Stv	Stv
195....					
195....					

505 758 I, 2 — mebanef — 3 000 000 — (226)

Der Neuanfang in Westdeutschland ist nicht leicht. Als Rechtsreferendar in Marburg jobbt Reinfried Pohl 1955 nebenbei noch als Buchhalter, für 200 Mark im Monat. Als Mitarbeiter des Versicherungsunternehmens Gerling sind es 1957 dann monatlich immerhin schon mehr als 700 Mark.

Reinfried Pohl studiert zügig und macht schnell seinen Dr. jur. Er muss jedoch Geld verdienen, bricht deshalb das Referendariat ab und beginnt 1956 als Außendienstmitarbeiter bei Gerling.

Das junge Paar setzt dennoch seinen Willen durch: Im Juni 1958 wird die Hochzeit gefeiert. Und bald ist goldene Hochzeit.

Im Mai 1957 sieht Reinfried Pohl, damals 29, die zehn Jahre jüngere Anneliese Klingelhöfer zum ersten Mal in einem Marburger Café, wo sie, die Tochter des Konditormeisters, gelegentlich aushilft. Es ist Liebe auf den ersten Blick – und zwar auf beiden Seiten. Doch die Eltern der Braut haben Bedenken: Der Bräutigam ist ihnen zu alt.

Ein gutes Jahr nach der Hochzeit kommt 1959 Reinfried junior zur Welt (oberes Bild), fünf Jahre später folgt der zweite Sohn, Andreas. Jetzt ist die Familie komplett und wählt das vierblättrige Kleeblatt zum Symbol ihrer Eintracht. Der üblichen Rivalität zwischen Geschwistern zum Trotz fördert der Vater stets den Zusammenhalt der beiden Brüder: »Nur wenn die beiden zusammenhalten, können sie das Erbe, das ich hinterlassen werde, meistern.« Seit 1984 arbeiten beide Söhne Seite an Seite in dem Unternehmen des Vaters.

Capital

Links oben: Erich Mende, der langjährige FDP-Vorsitzende und Vizekanzler unter Ludwig Erhard, ist nicht nur ein enger politischer und persönlicher Freund Reinfried Pohls. Zeitweilig arbeiten Mende und Pohl auch bei der IOS Deutschland zusammen.

Rechts oben: Reinfried Pohl bringt den IOS-Gründer Bernard Cornfield (zweiter von links) und dessen Mitarbeiter James Roosevelt, den Sohn des 32. US-Präsidenten (ganz links), mit vielen deutschen Politikern zusammen. Hier mit dem FDP-Vorsitzenden Walter Scheel (zweiter von rechts).

Links: Ein wichtiger Tag in der Geschichte der Deutsche Vermögensberatung Aktiengesellschaft: Am 1. Juli 1984 treten die Söhne Reinfried (links) und Andreas (rechts) in das Unternehmen ein. Seit 1991 sind beide Generalbevollmächtigte.

Reinfried Pohl bewundert die politische Lebensleistung Helmut Kohls, Kohl wiederum das Lebenswerk des Allfinanz-Pioniers Pohl. Darüber hinaus sind beide freundschaftlich verbunden. **Unten:** 1993 überreicht Bundeskanzler Kohl dem Unternehmer Pohl das Bundesverdienstkreuz 1. Klasse. **Oben:** Fünf Jahre später folgt das Große Verdienstkreuz des Verdienstordens der Bundesrepublik Deutschland.

Als Kaiserslautern 1998 Deutscher Fußballmeister wird, gratuliert die Deutsche Vermögensberatung – die Nr. 1 unter den Finanzvertriebsgesellschaften – ihrem Werbepartner 1. FCK mit einem überdimensionalen Poster am Unternehmenssitz in Frankfurt. Otto Rehhagel, der die »Roten Teufel« von der 2. Liga direkt zur Meisterschaft geführt hat, freut sich sichtlich über diese Aktion seines Freundes Reinfried Pohl.

Ehre, wem Ehre gebührt: Der portugiesische Staatspräsident Jorge Sampaio zeichnet 1998 den Unternehmer Pohl mit dem Großkreuz des Verdienstordens seines Landes aus.
Unten: In Österreich wird Reinfried Pohl 2002 mit dem »Großen Goldenen Ehrenzeichen« geehrt, überreicht von Bundeskanzler Wolfgang Schüssel. In beiden Ländern betreibt die Deutsche Vermögensberatung große Schulungszentren für ihre Vermögensberater, in Österreich sind zudem 1250 Vermögensberater der DVAG tätig.

Theo Waigel, bis 1998 Bundesfinanzminister, bringt sein Wissen und seine Erfahrung als Aufsichtsrat in die Deutsche Vermögensberatung Aktiengesellschaft ein. Er ist auch ein gern gehörter Redner bei Veranstaltungen der DVAG.
Unten: Reinfried Pohl hält große Stücke auf Angela Merkel. 2004 war die damalige Vorsitzende der CDU/CSU-Bundestagsfraktion gefeierte Gastrednerin beim Deutschlandtreffen der DVAG in Erfurt.

Oben: Michael Schumacher trägt das DVAG-Logo auf seiner Mütze. Doch aus der Geschäftsbeziehung ist eine Freundschaft zwischen dem Formel-1-Weltmeister »Schumi« und dem Allfinanz-Marktführer Reinfried Pohl geworden. »Die Zeit vergeht, die Freundschaft bleibt«, schrieb Michael dem väterlichen Freund auf dieses Foto. **Links:** Noch eine besondere Beziehung: Reinfried Pohl schwärmte schon als junger Mann für die Fußballkünste Fritz Walters. Der wiederum war dem Unternehmer dankbar für dessen großzügige Unterstützung des 1. FC Kaiserslautern.

Familien-Unternehmer unter sich: Zwischen Dr. Sergio Balbinot, dem Vorstandsvorsitzenden der italienischen Generali-Gruppe (zweiter von links), und Familie Pohl klappt nicht nur die geschäftliche Zusammenarbeit bestens. Auch privat versteht sich der Chef einer der größten Versicherungsgruppen Europas sehr gut mit Reinfried Pohl, dessen Frau Anneliese und den Söhnen Reinfried junior (ganz rechts) und Andreas (ganz links).

15 000 Vermögensberater feiern im Jahr 2000 beim 25-jährigen Bestehen der Deutschen Vermögensberatung Aktiengesellschaft in der »Kölnarena« ihren »Doktor«, den Unternehmensgründer Reinfried Pohl. Und sie feiern zugleich ihre eigenen Erfolge.

Ein Power-Couple: Vor mehr als 30 Jahren bestärkte Anneliese Pohl ihren Mann darin, den Schritt in die Selbständigkeit zu wagen. Seitdem unterstützt sie ihn tatkräftig, hält ihm den Rücken frei, macht seine Erfolge erst möglich. Heute sagt Reinfried Pohl über sie: »Ohne meine Frau gäbe es die DVAG nicht.«

Nein, er hat eher meinen Rat in Angelegenheiten der Partei gesucht.

Zum Beispiel, wie die CDU das Spendenaufkommen erhöhen könnte?

Nein. Aber er wusste ja, dass ich viele soziale Einrichtungen unterstützte. So war ich auch ein sehr großer Förderer der von Hannelore Kohl gegründeten Hilfsorganisation »Kuratorium ZNS«, die sich um Verletzte mit Schäden des Zentralen Nervensystems kümmert.

Wer Helmut Kohl kennt, kann sich nur sehr schwer vorstellen, dass er Sie nicht auch einmal um eine Parteispende gebeten hat.

Das hat er nicht getan, schon deshalb nicht, weil er wusste, dass ich seinerzeit, ohne gefragt worden zu sein, die Frankfurter und die hessische Union finanziell stark unterstützte.

Es gab eine Spendenaffäre der CDU, und es gab Spender, die insgesamt mehr als 2 Millionen Mark direkt dem Parteivorsitzenden Kohl zukommen ließen. Jetzt frage ich ganz direkt: Haben Sie zu den Spendern gehört?

Ich zählte zu denen, die in den Medien verdächtigt wurden, Geld an Helmut Kohl gegeben zu haben. Darüber wurde viel geschrieben und spekuliert.

Die Frage lautete: Haben Sie anonym gespendet oder nicht?

Ich habe natürlich nicht anonym gespendet.

Sie sagen: »natürlich nicht«. Anonym zu spenden ist ja nicht illegal. Der Spender gibt Geld aus versteuertem Einkommen und verzichtet auf eine Spendenquittung.

Das ist richtig. Ein anonymer Spender tut nichts Unrechtes. Er möchte seine Handlung nicht publik machen und hat dafür zwingende Gründe.

Wir meinen jetzt beide mit »anonym«: in bar und ohne Spendenbescheinigung?

Richtig. Eine Barspende ist der einzige Weg, wenn von dieser Leistung niemand etwas erfahren soll. Bei einer Überweisung oder per Scheck erfährt von dieser Leistung zwangsläufig eine große Zahl von Personen, das fängt bei der Buchhaltung im eigenen Unternehmen an und geht über die Mitarbeiter der beteiligten Banken bis hin zur Buchhaltung einer Partei.

Ab einer gewissen Größenordnung steht es sogar im Rechenschaftsbericht der Partei.

So ist es. Stellen Sie sich doch vor, da spendet ein Unternehmen an eine Partei, ganz gleich an welche, kürzt aber gleichzeitig den Essenszuschuss für die Mitarbeiter. Oder der Spender hat andere politische Ansichten als seine Ehefrau. Was würde das für Diskussionen auslösen! So kann es sein, dass eine Spende überhaupt nur anonym möglich ist – oder eben gar nicht. Das gilt umso mehr, je größer ein Unternehmen ist und je abhängiger es von öffentlichen Aufträgen ist. Denken Sie zum Beispiel an einen Bauunternehmer in einer von der SPD regierten Stadt, der öffentlich die CDU unterstützt. Und es wird für die Beteiligten auch nicht einfacher, wenn Spender und Empfänger dasselbe Parteibuch haben. Dann entsteht sofort der Eindruck, hier werde jemand bei der Auftragsvergabe bevorzugt.

Inzwischen ist ja das Parteienfinanzierungsgesetz dahingehend geändert worden, dass die Möglichkeit von Barspenden stark eingeschränkt worden ist. Aber zurück zu Helmut Kohl. Er hat die Namen dieser anonymen Spender mit der Begründung nicht genannt, er habe ihnen das Ehrenwort gegeben, die Namen nie zu nennen. Dafür hat Helmut Kohl politisch Nachteile hinnehmen müssen. Hat es Sie gewundert, dass Helmut Kohl dennoch zu seinem Ehrenwort stand?

Nein, das hat mich überhaupt nicht gewundert. Niemand, der Helmut Kohl auch nur einigermaßen kennt, hätte damit rechnen können, dass er seine klar geäußerte Meinung ändert und sein Ehrenwort bricht.

Sie wären also enttäuscht gewesen, wenn Kohl die Namen der Spender genannt hätte?

Ungeheuer! Es wäre mit meinem Bild von Helmut Kohl nicht zu vereinbaren gewesen. Ein Helmut Kohl bricht nicht sein Ehrenwort.

Im Januar 2000 hat ja das CDU-Präsidium den Altkanzler sogar per Beschluss aufgefordert, sein Ehrenwort zu brechen.

Wie die CDU Helmut Kohl damals behandelt hat, war nicht nur völlig falsch; die CDU hat Helmut Kohl auch sehr schlecht behandelt. Und die CDU fügte sich selbst dabei den größten Schaden zu. Ich mache diesen Kohl-Kritikern den Vorwurf, sich nicht in die Lage eines Spenders versetzt zu haben und damit auch nicht in die Lage Helmut Kohls. Nehmen Sie doch einmal mein Beispiel. Angenommen, ich hätte Helmut Kohl eine Barspende gegeben und als langjähriger guter Freund um Schweigen gebeten. Und dann hätte er meinen Namen doch genannt.

Was hätte das für Sie bedeutet?

Die Folgen wären für mich persönlich nicht so schlimm gewesen, für meine Mitarbeiter aber geradezu katastrophal. Denn unter den seinerzeit 30000 Mitarbeitern und etwa 3,5 Millionen Kunden sympathisieren ja höchstens 40 Prozent mit der CDU. Meine Vermögensberater wären nicht nur von mir enttäuscht gewesen, sie hätten wegen der negativen Folgen bei ihren Kunden auch großen finanziellen Schaden erlitten. Und dies auf eine lange Zeit. Dazu hätte es nicht einmal eines Aufrufs zum Boykott unserer Vermögensberater etwa durch Herrn Ströbele bedurft. Der Aufruf von linken Politikern, Nestlé-Produkte nicht mehr zu kaufen, weil der ehemalige Nestlé-Chef Helmut Maucher im Jahr 2000 als Privatmann Helmut Kohl ganz legal eine Spende zukommen ließ, ist ja wohl der beste Beweis für diese Bewertung der Situation. Ich kann deshalb nicht verstehen, dass Wolfgang Schäuble nicht bereit war, sich in die Lage von Helmut Kohl zu versetzen. Stattdessen hat der CDU-Vorstand unter Schäubles Führung Helmut Kohl dazu gebracht, auf den Ehrenvorsitz der CDU zu verzichten. Wissen Sie, im Fußball kann es ja zu einem Eigentor kommen. Aber es ist unverzeihlich, wenn einer mit Absicht ins eigene Tor schießt.

Müsste die Partei Kohl das Amt des Ehrenvorsitzenden nicht wieder antragen?

Ja, das wäre meiner Meinung nach angebracht und würde auch der Union enorm helfen, gerade bei der jungen Generation. Ich weiß das von meinen vielen tausenden Vermögensberatern, die zu dieser Generation gehören. Die Aberkennung war eine der größten Enttäuschungen für mich. Ich habe damals aus Protest gegen die Behandlung Kohls meine Mitgliedschaft in der CDU unterbrochen.

Wie oft sehen Sie sich heute noch?

Sehr oft.

Sie duzen sich?

Ja, seit vielen Jahren.

Zur Basis Ihrer Freundschaft zählt sicher, dass Sie beide derselben Generation angehören und dieselben politischen Überzeugungen haben.

Das spielt sicher eine Rolle. Aber wir haben noch viele andere Gemeinsamkeiten, nicht nur das Alter und die politischen Ansichten.

Zum Beispiel?

(Lacht.) Das beginnt schon damit, dass wir beide im April Geburtstag haben und dass beide Väter Finanzbeamte waren. Wir wurden beide auch noch gegen Kriegsende als Luftwaffenhelfer eingezogen. Jeder von uns hat nur einmal geheiratet, und wir haben beide zwei Söhne.

Das sind verblüffende Parallelen.

(Lacht.) Aber das ist noch nicht alles. Wir sind beide seit Jahrzehnten Anhänger des 1. FC Kaiserslautern und beide Ehrenmitglieder dieses Traditionsvereins. Wir kämpfen auch schon über zwei Jahrzehnte lang jedes Jahr in Österreich mit einer Mayr-Kur gegen die Pfunde: Helmut Kohl in Bad Hofgastein, ich mit meiner Frau am Wörthersee.

Kommen da etwa noch mehr Gemeinsamkeiten?

Ja, wir beide legen großen Wert auf Pünktlichkeit. Zugleich ist bei jedem von uns das Talent für Fremdsprachen eher unterentwickelt. Und dann lieben wir beide Hausmannskost. Da hat sich schon mancher Ober gewundert, wenn wir in einem Nobel-Restaurant Spiegelei mit Bratkartoffeln bestellt haben und kein Filetsteak.

Man kann wohl auch sagen, dass Sie beide immer unterschätzt wurden.

Ja, unsere Gegner und Wettbewerber haben uns beide unterschätzt. Helmut Kohl haben viele nicht zugetraut, dass er jemals Kanzler würde. Bei mir hielten es viele für ausgeschlossen, dass ich mit meiner Allfinanz-Idee Erfolg haben könnte und dass es mir gelingen würde, den Beruf des Vermögensberaters zu etablieren, und zwar gegen den Widerstand mächtiger Finanzkonzerne.

Es gibt aber auch mindestens einen gewichtigen Unterschied – Helmut Kohl war in seinem Leben niemals FDP-Mitglied.

(Lacht.) Wo Sie Recht haben, haben Sie Recht.

Helmut Kohl ist inzwischen auch für die DVAG tätig, nämlich als Vorsitzender des Beirats. Was bringt er da ein?

Sehr viel. Die Themen, die unser Beirat bespricht, sind überwiegend gesellschafts- und sozialpolitischer Natur. Was zum Beispiel im Bereich der Altersvorsorge geschieht, hat starke Auswirkungen auf die Tätigkeit meines Unternehmens und die Existenz meiner Mitarbeiter.

Der Altkanzler bringt eher seine politischen Analysen ein, weniger wirtschaftspolitischen Sachverstand?

Ich kann mich an keine der zweimal im Jahr stattfindenden Sitzungen erinnern, in der Helmut Kohl nicht ganz entscheidend zu allen Themen etwas beigetragen hätte.

Der frühere Medien-Kaufmann Leo Kirch hat öffentlich behauptet, sein Berater Kohl habe von Wirtschaft nicht viel verstanden. Ist das auch Ihr Eindruck?

Das unterschreibe ich so überhaupt nicht, auch wenn das öffentlich gerne behauptet wird. Helmut Kohl gehört ja auch seit Jahren dem Aufsichtsrat der AMB Generali Holding AG an. Da überrascht er andere Aufsichtsratsmitglieder, gerade auch die Arbeitnehmervertreter, häufig mit seinen wirtschaftlichen Kenntnissen. Aber als Kanzler hat Helmut Kohl – leider, muss man sagen – die Wirtschafts- und Sozialpolitik zu stark seinen Ministern überlassen und sich auf die Außenpolitik konzentriert. Allerdings war dies eine der Voraussetzungen dafür, dass er zum Vater der deutschen Einheit und zum »Mitvater« Europas werden konnte.

Wenn Sie eine Rangliste der bisherigen Bundeskanzler aufstellen würden, wen würden Sie an die erste Stelle setzen: Adenauer, Brandt oder Kohl?

Trotz der unbestritten großen Verdienste Adenauers, den ich als junger Student immer bewunderte, war Helmut Kohl uneingeschränkt der mit Abstand bedeutendste.

Im Zusammenhang mit Helmut Kohl hatten wir auch über die Wiedervereinigung gesprochen. Da fällt mir ein: Hatten Sie auch Kontakt mit SED-Größen, etwa in Ihrer Zeit als Landesjugendsekretär der LDP?

Natürlich. Regelmäßig, alle Vierteljahre, trafen sich die Jugendorganisationen der Parteien in der damaligen SBZ zu Gesprächen. Erich Honecker war damals Chef der Jugendorganisation FDJ, der Freien Deutschen Jugend, für die gesamte SBZ. Man sprach über Jugendarbeit, und wir mussten hinnehmen, dass Honecker in diesen Sitzungen das große Wort führte. Wir mussten sozusagen Bericht erstatten über unsere Arbeit. Eine Diskussion fand nie statt. Mir war klar, dass diese Tätigkeit als FDJ-Anführer jemanden wie Honecker auf Dauer nicht zufrieden stellen konnte, dass er nach Höherem strebte.

Trat er schon sehr machtbewusst auf?

Ja, er war ausgesprochen autoritär. Uns, die Nichtsozialisten, ließ er bei jeder Gelegenheit spüren, wie bedeutungslos wir waren. Er war ein paar Jahre älter als wir, und die ersten Anzeichen von Fanatismus waren nicht zu übersehen.

Konnte Honecker lachen?

(Lacht.) Ich kann mich nicht erinnern, jemals ein solches Ereignis miterlebt zu haben. Nein, lachen konnte er nicht. Aber bohrende Fragen stellen konnte er, wenn er von den Vertretern der CDU oder von uns Liberalen Informationen haben wollte. Ansonsten waren wir nur Statisten.

Kommen wir zu einem ganz wichtigen Politiker im Westen, mit dem Sie noch länger als mit Kohl bekannt und befreundet waren, zu Erich Mende. Er war FDP-Vorsitzender und von 1963 bis 1966 Vizekanzler. Mende stand innerhalb der FDP eher für den national-konservativen Flügel, dem auch Sie sich zuordnen. Hat Sie damals der Kampf gegen die Sozialliberalen in der FDP zusammengeführt?

Das hat uns in der Tat enger zusammengebracht. Aber zu Zeiten von Mendes größtem Wahlerfolg …

… 12,8 Prozent für die FDP bei der Bundestagswahl 1961 …

… war ich Delegierter bei den Bundesparteitagen. Da hatten wir schon häufig Kontakt.

Der große Sieg wurde errungen mit Mendes Wahlversprechen, weiter mit der CDU, aber ohne Adenauer regieren zu wollen. Dann gab es doch eine Regierungsbildung mit Adenauer. Seit der Zeit klebt der FDP das Etikett Umfaller-Partei an.

Ja, insbesondere Erich Mende wurde von da an als Umfaller beschimpft. Ich habe aus nächster Nähe erlebt, wie sehr ihn das bedrückte. Er hat mir damals detailliert die Gründe genannt, die ihn in diese Zwangslage gebracht hatten. Er sei das Opfer der Geschicklichkeit Adenauers geworden, der nach der

Wahl gesagt habe, als großer Sieger habe der FDP-Vorsitzende auch eine große Verantwortung.

Adenauer war halt ein schlauer Fuchs.

Erich Mende erzählte mir sehr detailliert, Adenauer habe ihm geheimes Material gezeigt, Erkenntnisse der Amerikaner und anderer Geheimdienste, und ihn auf seine Pflicht zur Verschwiegenheit hingewiesen. Aus diesem Material habe man entnehmen können, dass es um Berlin zu einer ernsthaften, unter Umständen militärischen Auseinandersetzung kommen könne.

Das war im Herbst 1961, kurz nach dem Mauerbau.

Eine dramatische Zeit, weiß Gott. In dieser Situation sagte Adenauer zu Mende, er habe die Wahl, ob er in einer solchen Situation für einen Kanzler Erhard, der keinerlei außenpolitische Reputation besitze, eintreten wolle oder nicht. Mende sagte mir, er habe dem nichts entgegensetzen können. Dafür habe er mit seiner Glaubwürdigkeit bezahlen müssen, da er ja niemandem die Gründe für sein Verhalten kundtun konnte. Adenauer hatte ihn durch die Verpflichtung zur Verschwiegenheit geradezu verteidigungsunfähig gemacht. Und Erich Mende war nicht der Mann, der ein gegebenes Wort gebrochen hätte.

Im Grunde war dies der Anfang vom Ende seiner politischen Karriere. Er wurde in der eigenen Partei von Walter Scheel gestürzt. Dann kam es 1969 zur SPD/FDP-Koalition, gegen den Widerstand von Mende. Mende soll damals wohl mit dem Gedanken einer neuen national-liberalen Partei gespielt haben. Waren Sie da mit involviert?

Ich war damals, 1970 bei der Bonnfinanz, nahezu täglich mit Mende in Verbindung. Deshalb weiß ich, dass er niemals ernsthaft an die Gründung einer neuen Partei gedacht hat. Man unterstellte es ihm, um seine Position in der FDP weiter zu schwächen.

Hoffte Mende also, die FDP auf einen anderen Kurs bringen zu können?

Diese Hoffung gab er ziemlich schnell auf, weil er von seinem Freund Scheel zutiefst enttäuscht war.

Erich Mende ging 1970 zur CDU und nahm sein Mandat mit, obwohl er angeblich sein Ehrenwort gegeben hatte, es niederzulegen.

Er hat stets bestritten, ein solches Ehrenwort gegeben zu haben. Ich war derjenige, der ihm vor der Bundestagswahl 1972 den Weg bereitet hat zu einer Kandidatur für die CDU in Nordhessen.

Ein Parteiwechsel muss in der Demokratie möglich sein. Aber gehört es sich nicht, ein Mandat, das man über die Liste bekommen hat, zurückzugeben?

Diese Ansicht hat wohl ihre Berechtigung. Mende machte aber immer geltend, nicht er habe den Kurs geändert, sondern die Partei. Darin fühlte er sich von den vielen anderen FDP-Mitgliedern und Mandatsträgern bestätigt, die ebenfalls die Partei verließen. Der neue FDP-Kurs unter Scheel war ja in der Tat meilenweit von Mendes Politik, die der FDP die 12,8 Prozent eingebracht hatte, entfernt.

Die Große Koalition wurde im Dezember 1966 gebildet, und schon 1967 verlagerte Mende seinen Schwerpunkt weg von der Politik und wurde Repräsentant für IOS. Dorthin hatten ja Sie Ihren Freund gebracht.

Ich habe ja schon erzählt: James Roosevelt hatte mich gebeten, Ludwig Erhard anzusprechen. Als Erhard sich für die Aufgabe, in Deutschland eine Art Botschafter für das Investmentsparen zu werden, eine allzu lange Bedenkzeit vorbehielt, fragten mich Roosevelt und IOS-Gründer Bernie Cornfield, wer denn noch als gleichwertiger Kandidat in Frage komme. Da stellte ich den Kontakt zu Mende her.

Das wäre eine gute Kombination gewesen: der ehemalige Kanzler und sein ehemaliger Vize. War Mende denn vom wirtschaftlichen Sachverstand her dieser Aufgabe gewachsen, oder sollte er mehr als Galionsfigur dienen?

Nein, nein. Er war, wie sich zeigte, nicht nur der Aufgabe gewachsen, sie machte ihm auch großen Spaß. Er entwickelte sogar mehr Aktivitäten, als es die Herren der IOS aus Amerika von ihm erwartet hatten. Er warb sehr erfolgreich für das Investmentsparen. Das gefiel auch dem Sozialdemokraten Karl Schiller, dem Wirtschaftsminister in der Großen Koalition, sehr gut. Denn Schiller hatte erkannt, dass IOS dabei war, das sehr konservative, sehr starre deutsche Bankensystem aufzulockern. Mende jedenfalls ließ den »Umfaller« hinter sich und wurde »Mister Investmentsparen«. Es gefiel ihm auch, dass er überall auf der Welt andere sehr prominente Ex-Politiker traf, die ebenfalls bei IOS waren.

Sie hatten dann wieder miteinander zu tun, nachdem Sie 1970 die Bonnfinanz gegründet hatten.

Mende folgte leider meinem Rat nicht, schon früher bei IOS auszusteigen.

Sie stiegen 1969 aus, der eigentliche Zusammenbruch von IOS kam 1972. Da war auch Mende schon weg. Holten Sie ihn dann zur Bonnfinanz?

Nein, dort war er nicht. Er hatte einen Beratungsvertrag beim Deutschen Herold.

War Mende wirklich so eitel, wie er immer dargestellt wurde?

Da ist viel übertrieben worden.

Nun ja, er war ein gut aussehender Mann …

… ja, das war er. Er hat auch Wert gelegt auf sein Äußeres. Aber wo verläuft da die Grenze zur Eitelkeit? Ich habe Erich Mende vor allem als ungeheuer fleißigen Mann kennen gelernt, übrigens ganz im Gegensatz zu Ludwig Erhard.

Sind Sie Freunde geblieben?

Ja, sehr enge sogar, bis zu seinem Tod. Ich habe heute noch Kontakt zu seiner Frau.

War Mende zum Schluss mit sich im Reinen, oder hatte er das Gefühl, zweimal gescheitert zu sein, in der Politik wie in der Wirtschaft?

Ich glaube nicht, dass er mit der Bilanz beider Tätigkeiten zufrieden war. Er fühlte sich aber eher als Opfer negativer Entwicklungen.

Der Name ist schon mehrfach gefallen, Bernard Cornfield, eine der schillerndsten Figuren auf den internationalen Finanzmärkten.

Als ich ihn kennen lernte, wirkte er sympathisch, fast liebenswert. Erst viel, viel später ist er zu einer schillernden Gestalt geworden.

So, wie ich Sie kenne, muss ich sagen, größere Gegensätze als Bernie Cornfield und Reinfried Pohl kann man sich kaum vorstellen.

So ist es.

Cornfield hatte einen sehr glamourösen Lebensstil – ein Schloss, blonde Frauen, schnelle Autos, einen Ozelot an der Leine. Kann man mit so jemandem überhaupt Geschäfte machen?

Ich habe mit ihm keine Geschäfte gemacht, war in seinem Geschäftsbereich nie zu Hause. Aber mit den Gegensätzen haben Sie absolut Recht, und das galt auch für Mende und Cornfield. Cornfield hat Mende übrigens nie viel Sympathie entgegengebracht. Cornfield war Jude, und Mende war für ihn der preußische Offizier und Ritterkreuzträger. Aber auch Cornfield erkannte durchaus an, dass Mende ein IOS-Repräsentant von großer Korrektheit war.

Seit dem Ende von IOS hängt Cornfield der Ruf des Betrügers an.

Cornfield war kein Betrüger. Die Betrüger waren andere, die dann IOS ausgeplündert haben. Cornfield war ein Mensch aus ganz einfachen Verhältnissen. Er hat sich zu sehr in das Leben der sogenannten besseren Kreise hineinziehen lassen, hat Menschen vertraut, die ihn wiederum betrogen haben. Insoweit ist er kein Einzelfall.

Viele deutsche IOS-Anleger haben viel Geld verloren. Hatten Sie damals ein schlechtes Gewissen?

Nein, ich hatte da nie ein schlechtes Gewissen. Ich war nämlich niemals im Fondsgeschäft tätig. Diejenigen, die Fonds-Anteile gezeichnet hatten, begingen den großen Fehler, zu früh aufzugeben, obwohl noch erhebliche Substanzwerte vorhanden waren. Aber weil alle ihre Fonds-Anteile verkauften, musste IOS viel Anlagevermögen abgeben, um die Anteilseigner auszahlen zu können. Da ist viel Geld unnötigerweise vernichtet worden.

Aber als stellvertretender Verwaltungsratsvorsitzender von IOS Deutschland waren Sie doch mitverantwortlich für den Vertrieb von IOS-Fonds und IOS-Aktien, oder?

Nein, das war ich zu keiner Zeit. Ich war ausschließlich für das Angebot von Versicherungen des Deutschen Herold verantwortlich, die durch die Anlageberater der IOS als Ergänzung zum Investmentsparen angeboten wurden. Auch Erich Mende hatte niemals Aufgaben, die mit dem operativen Geschäft verbunden waren.

Reden wir über eine erfreulichere persönliche Beziehung. Michael Schumacher ist der Werbeträger Nummer 1 der DVAG. Wie kamen Sie beide zusammen?

Wir lernten uns in einer Zeit kennen, als er noch nicht die großen Erfolge hatte wie heute. Das war bei seinem Wechsel zu Ferrari. Zu meiner Geschäftspolitik gehörte es, nicht die herkömmlichen Medien zur Werbung zu nutzen. Deshalb suchte ich nach jemandem, der als Werbeträger vor allen Dingen positiven Einfluss auf das Selbstbewusstsein unserer Mitarbeiter hatte.

Sie kannten ihn nur, wie man eben einen jungen Rennfahrer kennt?

Ja, nur aus den Medien. Wir sind dann an ihn herangetreten beziehungsweise an seinen Manager Willi Weber, mit dem mich inzwischen auch eine enge Freundschaft verbindet. Wir glaubten, das beste Werbemittel eines Formel-1-Rennfahrers sei seine Kappe. Zunächst mussten wir uns aber langsam an die Mütze heranarbeiten.

Ihr Logo war zuerst auf dem Overall …

… nein, auf dem Helm.

Warum ist die Mütze wichtiger als der Helm?

Wann sieht man schon den Helm? Im Fernsehen höchstens für einige Sekunden. Die Mütze ist viel öfter präsent. Im Fernsehen ebenso wie in den Printmedien. Damals hatten wir auch seinen Bruder Ralf angesprochen und konnten beide Schumacher-Brüder gewinnen. Dass wir mit Ralf nichts mehr zu tun haben, liegt daran, dass Michael Schumacher als Einziger in der Formel 1 das Werbemittel »Kappe« frei bestimmen kann. Die anderen Fahrer sind an die Teams gebunden, und die bestimmen, wer Sponsor sein darf.

Ihre Kunden sind ja eher Durchschnittsverdiener. Michael Schumacher ist Multimillionär, der gar nicht die Zeit hat, das Geld auszugeben, das er verdient. Wieso passt er zur DVAG?

Niemand, der einer breiten Öffentlichkeit bekannt ist, passt besser zu uns. Er ist Symbol für die wesentlichen Eigenschaften, die jemanden dazu befähigen, innerhalb der Deutschen Vermögensberatung erfolgreich zu sein – Leistungsbereitschaft zeigen, Disziplin haben, nicht aufgeben, wenn Misserfolge sich einstellen. Schumacher verkörpert Teamgeist wie kein zweiter. Seit er Formel 1 fährt, gab es keine Pressekonferenz, bei der er nach dem Sieg nicht seinem Team gedankt hätte. Zusammenarbeit ist auch eines der Erfolgsrezepte der DVAG.

Er ist sozusagen Motivator für die Vermögensberater?

Ja, für die Berater, und nicht in erster Linie für die Kunden. Die spielen hier eine untergeordnete Rolle. Aus einfachen Verhältnissen kommend, kann man große Erfolge erringen, wenn man bereit ist, sich einzusetzen. Dafür steht Michael Schumacher. Das soll er unseren Vermögensberatern vermitteln.

Apropos Vorbildfunktion: Stört es Sie nicht, dass er seine Steuern nicht in Deutschland zahlt?

Keineswegs. Das hat auch etwas mit unserem Steuersystem zu tun. Im Übrigen ist er der allerbeste Botschafter Deutschlands, den es gegenwärtig gibt. Seinerzeit, 1954, verschaffte das Wunder von Bern dem jungen Nachkriegsdeutschland Selbstbewusstsein. Wenn ich die heutige Zeit betrachte, sind wir wieder ziemlich unten im internationalen Ansehen. Aber Michael Schumacher ist ein Deutscher, der weltweit hoch im Kurs steht. Wenn er gesiegt hat, hören Hunderte von Millionen

Menschen auf der ganzen Welt die deutsche Nationalhymne und sehen die deutsche Flagge. Das hat weltweit eine größere Resonanz als manche Auslandsreise mancher Politiker.

Trotzdem: Wenn alle, die viel Geld verdienen, ins Ausland gehen, um Steuern zu sparen, müssen die kleinen Leute in Deutschland noch mehr Steuern zahlen, um die Lücke zu schließen.

Das mag sein. Aber schließlich ist ein Schumacher auch bereit, eine Million für Kinder oder einen anderen guten Zweck zu spenden. Nehmen Sie nur die große Flutkatastrophe in Südostasien an Weihnachten 2004. Da hat Michael Schumacher spontan 7,5 Millionen Euro gespendet. Das war meines Wissens die mit Abstand größte private Spende aus Deutschland. 7,5 Millionen Euro – die meisten deutschen Konzerne haben viel weniger gegeben. Was Schumacher also für die Nation leistet, ist ein Vielfaches dessen, was er als Steuerzahler bewirken könnte. Außerdem lebt er in einem komplexen, steuerrechtlich schwierigen Umfeld. Wohl kaum einer der Formel-1-Fahrer könnte mit Wohnsitz Deutschland alle steuerrechtlichen Bestimmungen einhalten, da müsste jeder mehrere Steuerberater beschäftigen. Ich habe jedenfalls Verständnis für Schumachers Entscheidung.

Sie haben Schumacher also engagiert und dabei auch privat kennen gelernt.

Das entwickelte sich aus der geschäftlichen Verbindung. Daraus ist eine sehr enge freundschaftliche Beziehung entstanden, übrigens auch zwischen unseren Familien. Im persönlichen Umgang hat er eine ungekünstelte, sympathische Ausstrahlung, die das Fernsehen gar nicht rüberbringen kann.

Gehen Sie zu seinen Rennen?

Ganz selten. Meist sehe ich sie mir im Fernsehen an.

Was schätzen Sie privat besonders an ihm?

Zum Beispiel das Fehlen einer Arroganz, die Erfolgreichen sonst oft eigen ist. Auch hört man von Schumacher so gut wie nie negative Äußerungen über Konkurrenten. Seinen Team-Geist habe ich ja schon erwähnt. Zudem bewundere ich sein vorbildliches Familienleben. Seine Gelassenheit vor jedem Start ist ein Zeichen seiner Diszipliniertheit. Bewundernswert ist auch, wie er sich von der Klatschpresse fern zu halten versteht. Michael Schumacher als der erfolgreichste deutsche Sportler aller Zeiten ist immer auf dem Boden geblieben.

Gibt es etwas, das Sie an ihm weniger schätzen?

Es wäre mir unmöglich, bei irgendeinem Punkt zu sagen, der stört mich.

Fragt Schumacher Sie auch in finanziellen Dingen um Rat?

Durchaus. Aber ich gebe ihm keine konkreten Anlagetipps. Er ist Kunde bei der DVAG, aber nicht in großem Umfang.

Er hat wohl auch noch Investment-Banker.

Mit Sicherheit.

Sprechen wir über einen anderen Mann aus dem Sport, über Otto Rehhagel beziehungsweise »Rehakles«, wie er seit der Fußball-EM 2004 und dem Sieg seiner Griechen genannt wird.

Sie haben ihn wohl kennen gelernt, als er Kaiserslautern trainierte und Sie den 1. FCK vorm Untergang retteten?

So ist es.

Rehhagel ist in gewisser Weise Schumacher ähnlich, kommt aus kleinen Verhältnissen. Er schaffte etwas, was vor ihm keinem gelang: Den Durchmarsch mit Kaiserslautern von der zweiten Liga zur deutschen Meisterschaft.

Eine einmalige Leistung. Was Rehhagel hier erreicht hat, ist wieder mal der Beweis dafür, dass jede Krise – bei Rehhagel war es der Abgang von Bayern München – zugleich eine Chance bedeutet.

Warum ist er denn in München gescheitert?

Um in München nicht zu scheitern, muss auch der Fähigste offensichtlich ein wahnsinniges Glück haben. Die Gründe des Scheiterns wird Rehhagel vermutlich selber nicht nennen können.

Man braucht in München neben Fußballsachverstand und Führungsfähigkeiten wohl auch ein besonderes Händchen im Umgang mit den Medien.

Das ist mit Sicherheit der Fall. In München sind schon viele gescheitert: Trappatoni, Heynckes, Hitzfeld und wie sie alle heißen.

Nun heißt es immer wieder, Rehhagel passe mit seinem altmodischen Führungsstil nicht mehr in unsere Zeit.

Dem widerspreche ich. Er ist oft Gast bei unseren Veranstaltungen mit Tausenden von Teilnehmern. Insbesondere bei jungen Menschen löst er dort geradezu Begeisterungsstürme aus. Er hat pädagogisches Talent und zeigt trotz seines Alters eine jugendliche, nicht aufgesetzte Art, die ihm Sympathien einträgt. In Griechenland, wo man ihm als Trainer zunächst kaum Chancen gab, hat er viel erreicht, und es war nicht bloß Glück. Die Griechen hatten weiß Gott keine gute Nationalmannschaft, bevor Rehhagel kam.

Wäre er ein guter Nachfolger von Rudi Völler bei der Nationalmannschaft geworden?

Sicher. Aber auch ich habe ihm davon abgeraten, nach Deutschland zu kommen.

Eine Rückkehr wäre ein Triumph gewesen.

Gerade für ihn. Dass er lieber darauf verzichtete, spricht für seine Ehrlichkeit sich selbst gegenüber. So ist er das Risiko eingegangen, mit Griechenland die bisherigen Erfolge nicht automatisch wiederholen zu können.

Was schätzen Sie an ihm besonders?

Seine Untadeligkeit und praktisch alle anderen Eigenschaften, die auch Michael Schumacher auszeichnen. Ein anderes Sportgebiet, dasselbe menschliche Verhalten. Auch das Familienleben ist vergleichbar. Bescheiden ist er noch dazu – er braucht privat nicht viel: Wenn Rehhagel irgendwo gemütlich Kaffee trinken gehen kann …

… und ein paar Zeitungen zum Kaffee hat …

… ist er schon zufrieden. Was mir noch gefällt: Wie er seine eigene Begeisterungsfähigkeit auf jüngere Menschen übertragen kann.

Sie haben Beziehungen zu Politikern wie Helmut Kohl oder zu Prominenten wie Michael Schumacher. Denken Sie manchmal, wenn ich nicht so erfolgreich wäre, gäbe es diese engen Kontakte nicht?

Als ich vor über 30 Jahren Helmut Kohl kennen lernte, war ich noch nichts. Die Bekanntschaft ergab sich aus rein geschäftlichen Gründen. Bei Schumacher wäre die fast familiäre Verbundenheit nicht zustande gekommen, wenn ich nicht als Sponsor aufgetreten wäre. Aber schon seit vielen Jahren spielt das zwischen uns keine Rolle mehr. Dabei müssen Sie wissen: Ich unterscheide zwischen Erfolgs-Freundschaften und echten Freundschaften. Erfolgs-Freunde sind jene, die nur Freunde bleiben, solange man Erfolg hat. Schumacher denkt ebenso. Er sagte mir, er wisse, dass unsere Freundschaft bestehen bleiben werde, auch wenn er nicht länger Rennen fahre.

Grundsätzlich gefragt: Was bedeuten Freundschaften für Sie, wie wichtig sind sie?

Freundschaften müssen auch in schwierigen Zeiten bestehen können. Das war für mich zum Beispiel ganz wichtig bei meiner langjährigen Freundschaft zu Helmut Kohl. Am 1. Juli 2000 – zu einem Zeitpunkt, als Kohl in seiner eigenen Partei wegen der Spendenaffäre schon fast vergessen war und wie eine Unperson behandelt wurde – habe ich ihn zum Vorsitzenden des Beirats der DVAG berufen. Ich verkündete die Berufung an diesem Tag vor 15000 Menschen in der Köln-Arena. Zunächst war Stille im Saal, dann kam es zu Beifall, sogar

Ovationen. Gegen allen Rat hatte ich mich zu dieser Berufung entschlossen. Das ist es, was ich unter Freundschaft verstehe – auch in schlechten Zeiten zusammenzuhalten.

Fallen Ihnen Beispiele ein für Freundschaften, die nur so lange hielten, wie der Erfolg anhielt?

Mir ist das nicht passiert. Aber ich habe gesehen, wie solche Erfolgs-Freundschaften in die Brüche gingen, wie sich beispielsweise Norbert Blüm von Helmut Kohl distanziert hat.

Haben Sie viele gute Freunde?

Nein, relativ wenige. Aber diese Freundschaften sind dann ganz besonders eng. Ich hätte ja gar nicht die Zeit für einen allzu großen Freundeskreis. Freundschaften wollen ja auch gepflegt sein.

Kann man mit Freunden Geschäfte machen?

Man kann, aber man sollte es nicht.

John D. Rockefeller hat gesagt, eine Freundschaft, die sich aus geschäftlichen Beziehungen entwickelt, ist besser als Geschäfte, die aufgrund von freundschaftlichen Beziehungen zustande kommen.

Da stimme ich hundertprozentig zu.

6
Prinzip Vorsorge

»Nie auf andere verlassen, weder auf den Staat noch auf die Familie«

Den Deutschen wird nachgesagt, sie seien übervorsichtig, risikoscheu, geradezu Sicherheitsfanatiker. Deshalb sei der Durchschnittshaushalt eher über- als unterversichert. Der Deutsche nutzt demnach bei der Vorsorge am liebsten Hosenträger und Gürtel. Wie lautet Ihr Urteil?

Zu einem gewissen Grad ist das berechtigt und hat sicherlich unterschiedliche Ursachen. Es gibt viele Deutsche, die versichern Dinge, die nicht lebenswichtig sind. Das hängt mit dem früher üblichen Vertriebssystem zusammen. Über Jahrzehnte dachten die Versicherungsgesellschaften nur in Sparten, so dass jeder Branchenvertreter alle Überzeugungskraft aufwendete, um sein Produkt zu verkaufen. Der eine eben eine oder mehrere Lebensversicherungen, der andere eine Haftpflichtversicherung, der dritte eine Rechtsschutz- oder Krankenversicherung usw. Deshalb hatten viele Bürger mit einem halben Dutzend Vertretern zu tun und schlossen oft mehr Versicherungen ab, als sie eigentlich brauchten. Ich sehe also in der Annahme, dass viele Menschen eher überversichert sind, keine besondere Veranlagung der Deutschen, sondern eine Folge des falschen Vertriebssystems. Das ist aber inzwischen durch mein Allfinanz-Konzept nachhaltig verändert worden.

Gehen wir die wichtigsten Versicherungssparten durch und beginnen wir beim Schutz gegen Krankheit. Dank der gesetzlichen Versicherung sind die Deutschen da wohl ganz gut versorgt?

Richtig.

Wie sieht es beim Schutz zusätzlich zur gesetzlichen Krankenversicherung aus?

Das Gefühl ist weit verbreitet, dass zwar der gesetzliche Schutz besser ist als in anderen westlichen Ländern, dass aber eine Zweiklassengesellschaft existiert. Beim Arzt findet man als Kassenpatient überwiegend nicht die gleiche Beachtung wie ein privat Versicherter. Da haben die privaten Versicherungsgesellschaften noch eine große Chance.

Aber nur knapp zehn Prozent der Deutschen sind bei Privatkassen versichert.

Die Mehrheit ist gezwungen, gesetzlich versichert zu sein.

Aber mehr als zehn Prozent der Bürger verdienen mehr als 4000 Euro im Monat, könnten also zur privaten Krankenversicherung wechseln.

Unbestritten.

Liegt das an der Mentalität der Deutschen: lieber Staat als privat?

Das ist es wohl nicht, zumal bei der Krankenversicherung die Deutschen den Staat nicht wahrnehmen. Sie sehen die Vielzahl der gesetzlichen Krankenkassen, Betriebskrankenkassen und Ersatzkassen. Deshalb haben die Menschen den Eindruck, relativ frei in ihrer Entscheidung zu sein.

Persönlich ziehe ich als privat Versicherter nach 30 Jahren eine negative Bilanz: Die privaten Versicherungen zocken die Versicherten ab. Die Beiträge explodieren, und bei den Erstattungen geht es immer kleinlicher zu. Die Privat-Versicherungen wissen halt, dass man von einem gewissen Alter an nicht mehr zur Konkurrenz wechseln kann. Das widerspricht allem, was man sich an Wettbewerb vorstellt.

Der Anteil der privat Versicherten ist nicht so hoch wie in anderen Ländern. Dennoch ist die private Krankenversicherung der einzige Lösungsansatz für unser marodes Gesundheitssystem. Nur das hier praktizierte Kapitaldeckungsverfahren wird in der Lage sein, die in der Zukunft noch anwachsenden Probleme innerhalb unseres Gesundheitswesens zu lösen.

Die DVAG müsste doch Interesse am Vertrieb eines besseren Produkts haben. Also einer Krankenversicherung, die die Mitnahme der Altersrückstellung beim Versicherungswechsel erlaubt. Dann müssten alle privaten Anbieter darauf achten, dass unzufriedene Kunden nicht gehen.

Die Art, wie die Altersrückstellungen behandelt werden, führt ja zu grotesken Ergebnissen. Wenn ein unzufriedener Kunde so verärgert ist, dass er die Police storniert, wird die Versicherung noch dadurch belohnt, dass seine Altersrückstellungen bei ihr verbleiben. Wenn viele unzufriedene Kunden gehen, steht die Versicherung letztlich besser da – eine völlig unbefriedigende Situation.

Wäre es für den Einzelnen nicht besser, sich bei einer Ersatzkasse zu versichern und das mit einer privaten Zusatzversicherung zu kombinieren?

Für manche, nicht für alle. Die privaten Krankenversicherungen leben im Augenblick überwiegend von den Zusatzversicherungen. Es wird aber immer eine Schicht geben, die nur privat versichert ist. Der eine will halt einen Mercedes und zahlt entsprechend mehr.

Von der Bürgerversicherung halten Sie im Zweifel nichts?

Ich halte nichts davon und gebe ihr derzeit auch keine Chance. Die SPD kann sich damit in der Großen Koalition gegen die CDU nicht durchsetzen. Damit ist das Thema – jedenfalls vorerst – erledigt.

Rein theoretisch gefragt: Was bedeutete eine Bürgerversicherung für die privaten Krankenkassen?

Die Bürgerversicherung wäre das Ende der Privaten, weil sie keinen Zufluss mehr hätten. Damit würden alle, die privat versichert sind, um den Ertrag ihrer bisherigen Beitragszahlungen gebracht.

Die Befürworter einer Bürgerversicherung behaupten, die Privaten könnten mit den heute bereits Versicherten weitermachen wie bisher.

Das geht gar nicht. Gerade eine Krankenversicherung lebt vom stetigen Zuwachs an Versicherten. Wenn nämlich keine neuen, jungen Beitragszahler nachkommen, steigt die Belastung der

Versicherung durch die ständig steigenden Kosten für die älter werdenden Versicherten ins Unermessliche.

Nun gibt es ja in der Großen Koalition Bestrebungen, die maroden gesetzlichen Kassen durch einen Steuerzuschlag, den so genannten Gesundheitssoli, zu sanieren. Was halten Sie von solchen Vorschlägen?

Ich fürchte, am Ende wird ein äußerst komplizierter Kompromiss stehen, den niemand kapiert. Das wäre ein grober Verstoß gegen das Prinzip, Dinge, die Millionen Menschen betreffen, möglichst einfach darzustellen. Was mich aber besonders stört, ist das Folgende: Die Große Koalition konzentriert sich in der Gesundheitspolitik auf die Einnahmeseite. Gegen die ungeheure Verschwendung innerhalb des staatlichen Gesundheitssystems wird fast nichts unternommen. Vor allem vermisse ich bei den aktuellen Vorschlägen eine echte Selbstbeteiligung. Wenn die Bürger – wie bei der Kasko-Versicherung – zuerst eine Eigenleistung erbringen müssten, bevor sie die Versicherung in Anspruch nehmen können, würden die Kosten der Krankenkassen sofort sinken.

Kommen wir zur Haftpflichtversicherung. Sind die Deutschen zu gut geschützt oder zu wenig?

Bei der Haftpflicht ist der Schutz insgesamt nicht übertrieben. Es gibt aber zu viele spezielle Versicherungen von der Kinder-Haftpflicht bis zur Hunde-Haftpflicht. Da wäre eine Vereinheitlichung sehr sinnvoll.

Als Nächstes: Berufsunfähigkeit. Wie vorsichtig beziehungsweise leichtsinnig sind die Deutschen auf diesem Feld?

Da sind die Deutschen viel zu leichtsinnig. Neben der nicht mehr ausreichenden Altersversorgung ist die mangelnde Absicherung gegen Berufsunfähigkeit eine ganz große Gefahr. Darüber sind sich vor allem jüngere Menschen nicht im Klaren.

Müsste die Absicherung gegen Berufsunfähigkeit für junge Leute also die wichtigste Versicherung sein?

Absolut. Ich habe schon vor 40 Jahren, also in meiner Zeit bei Gerling, meine Kunden entsprechend beraten. Deshalb lege ich großen Wert darauf, dass unsere Vermögensberater hier entsprechend aufklären. Dieses Risiko abzusichern, zählt zu den goldenen Regeln bei der Vorsorge. Es geht um die Existenzfrage. Was braucht der Durchschnittsbürger eine Versicherung gegen Glasbruch oder eine Kfz-Vollkasko-Versicherung ohne Selbstbeteiligung? An den Kosten für eine neue Fensterscheibe kann er nicht Bankrott gehen. Aber wenn ein junger Mensch berufsunfähig wird und auf Sozialhilfe angewiesen ist, dann ist er arm dran. Ein zweites großes Thema, das mir erhebliche Sorgen bereitet, ist die Pflegeversicherung. Ein Pflegefall ist heute überhaupt nicht mehr zu bezahlen.

Die gesetzliche Pflegeversicherung regelt ein Minimum.

Ja, aber wer kann sich heute privat überhaupt noch ein Pflegeheim leisten? Gleichzeitig wächst das Defizit in der Pflegeversicherung. Die Situation wird immer schlimmer.

Das hat aber nicht Rot-Grün eingeführt.

Nein, nein. Die im Umlageverfahren finanzierte Pflegeversicherung war ein großer Fehler der Regierung von Helmut Kohl. Aber dahinter steckte wieder einmal Norbert Blüm.

Brauchen wir im Zweifelsfall für die Pflege nicht auch eine private Zusatzversicherung, so wie bei der Rente?

Für die freiwillige Bereitschaft dazu muss unbedingt geworben werden, auch wenn die Zusatzausgaben auf Kosten manches Urlaubs gehen. Man muss den Leuten einhämmern, dass sie sich im Alter jedenfalls nicht auf ihre Kinder verlassen können. Ausnahmen bestätigen auch hier die Regel. Aber generell muss auch hier jeder für sich sorgen und vorsorgen.

Kommen wir also zur Vorsorge für das Alter. Kann man Vater Staat als Vertragspartner noch trauen?

Ich glaube, schon deshalb nicht, weil er sich sozusagen eine Tarnkappe übergezogen hat. Dem größten Teil der Bevölkerung ist gar nicht bewusst, wie oft der Staat in der Vergangenheit Einschnitte in die Leistungen vorgenommen hat und wie gering damit seine gesetzlichen Renten sein würden.

Ich musste 1974 zum ersten Mal als wissenschaftlicher Angestellter an der Uni in die gesetzliche Rentenversicherung einzahlen. Seitdem sind die Beiträge gestiegen und die Leistungen ständig reduziert worden: von der Brutto-Anpassung der Renten zur Netto-Anpassung, dann kam der Krankenversicherungsbeitrag für Rentner, dann gab es Abschläge bei vorzeitigem Rentenbeginn, die Anrechnung von Ausbildungszeiten wurde deutlich verschlechtert und so weiter und so fort. Bei einem privaten Anbieter würde man von Betrug sprechen.

Der Spruch von Norbert Blüm: »Die Rente ist sicher« hat eben nicht gestimmt. Wenngleich man juristisch nicht von einer bewussten Täuschung sprechen kann.

Der Staat ändert ständig das Kleingedruckte in dem so genannten Generationenvertrag.

Dennoch glauben aus den Erfahrungen früherer Generationen noch immer zu viele Leute, die gesetzliche Absicherung sei ausreichend. Das halte ich für eine ganz gefährliche Selbsttäuschung.

Nach dem Motto: Es hat beim Vater gereicht, es hat beim Großvater gereicht.

So ist es. Man glaubte, wenn ich 65 bin, brauche ich mich ums Geld nicht mehr zu kümmern.

Eine Rente in Höhe von 70 Prozent des letzten Nettoeinkommens, daran hatten sich ganze Generationen gewöhnt.

Das werden in absehbarer Zeit weniger als 50 Prozent sein.

Wenn die Finanznot noch größer wird, steht dann nicht zu befürchten, dass der Staat eines Tages die private Vorsorge auf die staatliche Rente anrechnet?

Da könnten Sie leider Recht haben. Durch die Diskussion um »Hartz IV« hat sich ja schon im Bewusstsein der Bevölkerung etwas Gravierendes verändert. Die Leute wissen, wenn jemand Arbeitslosengeld II beziehen möchte, dann wird ihm die staatliche Leistung gekürzt, falls er privat vorgesorgt hatte. Da hat der eine gespart und bekommt deshalb weniger vom Staat. Der Nachbar aber hat, auf gut Deutsch gesagt, alles verfressen und bekommt die volle Leistung. Das empört die Menschen zu Recht. Den wenigsten ist allerdings bewusst, dass das Arbeitslosengeld II nicht deshalb gekürzt werden darf, weil der Antragsteller ein Guthaben auf seinem Riester-Konto hat oder im Rahmen der betrieblichen Altersvorsorge einiges angespart hat.

Ich vermute, dass kein Verfassungsgericht uns davor bewahren wird, dass eines Tages die staatliche Rente gekürzt wird, wenn auch noch Ansprüche auf eine Betriebspension bestehen. Die Richter werden sagen, wenn es der Staat nicht mehr bezahlen kann, ist auch die Eigentumsgarantie der Rente nicht mehr einzuhalten, sondern es muss verrechnet werden.

Ich teile diese Sorge. Deshalb schärfe ich meinen Beratern immer wieder ein, vor allem den jüngeren Kunden zu sagen, wie wichtig es ist, selbst etwas zu tun. Was der Gesetzgeber eines Tages machen wird und was nicht, das kann niemand vorhersagen. Aber was ich privat mache, das weiß ich, darauf kann ich bauen.

Der Staat bietet seit kurzem zwei Möglichkeiten zur privaten Altersvorsorge an: die Riester-Rente und die Rürup-Rente. Mal abgesehen von der Ausgestaltung im Detail: Ist das nicht im Grundsatz zu begrüßen?

»Riester« kam im Zusammenhang mit einem Einschnitt in der gesetzlichen Versorgung. Insofern ist das der richtige Ansatz. Ich werfe dem Staat aber vor, dass er dies dem Bürger nicht ausreichend klar macht. Der Staat müsste noch viel deutlicher sagen, wie wichtig es ist, die drohende Versorgungslücke im Alter durch eine private Zusatzrente zu schließen.

Zusätzliche private Vorsorge mit kräftiger staatlicher Förderung – hätten das von der Ideologie her nicht längst CDU und FDP machen müssen?

Im Prinzip schon. Die frühere Regierung war aber in Schwierigkeiten, weil sie Norbert Blüm zu lange gefolgt ist. Als der sagte, die Rente ist sicher, konnte man nicht gleichzeitig Alarm schlagen und die Bürger zur privaten Vorsorge auffordern.

Haben Sie denn nie zu Kanzler Kohl gesagt, Helmut, das geht nicht gut?

Ich muss gestehen, dass ich mich vielleicht früher hätte beim Kanzler melden sollen. Aber es war nicht sein Thema.

Worin liegen die Vorzüge der Riester-Rente?

Der größte Vorteil ist die staatliche Förderung. Bis zu 50 Prozent der Eigenleistung, das ist schon ein Anreiz. Eine Familie mit zwei Kindern bekommt seit dem Jahr 2006 bei entsprechender Eigenleistung bis zu 504 Euro vom Staat geschenkt. Hinzu kommen unter Umständen auch noch Steuervorteile. Das ist ja etwas. Und für Bezieher von Arbeitslosengeld II, also »Hartz IV«, ist die Rechnung noch positiver: Ein Familienvater hat mit einer Riester-Mindestleistung von ganzen 60 Euro im Jahr Anspruch auf staatliche Förderung von 504 Euro. Das ist ja wirklich kein schlechtes Geschäft.

Und wo liegen die Nachteile?

Die zweifelhaft vorhandenen Vorzüge werden beeinträchtigt durch die komplizierte Form der Abwicklung. Man hat da einen Riesenapparat aufgebaut, hat alles verbürokratisiert und reglementiert. Da wurden bis Ende 2003 mehr als 3660 verschiedene Angebote als förderungswürdig zertifiziert. Da sollte wieder für jeden speziellen Fall Vorsorge getroffen werden.

Inzwischen hat die Regierung ja einige Schwachpunkte beseitigt und damit nach drei Jahren zugegeben, dass Fehler gemacht wurden.

Ein großer Erfolg ist »Riester« bisher nicht.

Gerade mal 20 Prozent der Anspruchsberechtigten haben die Rente angenommen. Da wirkt natürlich auch nach, dass Verbraucherschützer und Medien die Riester-Rente von Anfang an negativ dargestellt haben.

Aber für die DVAG war »Riester« ein Erfolg, Sie haben relativ viele Verträge abgeschlossen.

Bis Ende 2005, also in den ersten vier Jahren, haben wir über 665000 Verträge vermittelt, bis Frühjahr 2006 waren es schon mehr als 700000. Wir vertreten die Ansicht, dass es keine private Vorsorgeform gibt, die eine so hohe staatliche Förderung genießt. Allerdings besteht ein erheblicher Aufklärungsbedarf. Das eröffnet aber auch Chancen für uns. Wer als Berater einen solchen Vertrag abschließt, hat den Kunden praktisch auf Dauer an sich gebunden. Denn der Kunde braucht bei diesem Produkt ständig neue Beratung.

Ihre Vermögensberater sind demnach Helfer des Staates?

Ja, so ist es. Der Staat braucht Helfer, vor allem sachkundige. Er kann ja nicht die Bundeswehr oder die Feuerwehr einsetzen, um die private Altersvorsorge voranzubringen. Wir sind somit die Exekutive des Staates, denn er hat auf dem Gebiet der privaten Vorsorge keine eigene. Ich habe aber manchmal den Eindruck, dass der Staat gar nicht so sehr an möglichst vielen Riester-Verträgen interessiert ist. Wenn alle Berechtigten sich 2005 für »Riester« entschieden hätten, hätte der Bundesfinanzminister etwa 2,5 Milliarden Euro an Zuschüssen locker machen müssen. So aber war es nur ein Bruchteil davon. Der Staat spart also Geld, wenn die Bürger nicht ausreichend Vorsorge treffen.

Das trifft nicht zuletzt für die Empfänger von Arbeitslosengeld II zu. Die wissen gar nicht, dass sie mit ganz wenig Geld etwas fürs Alter tun könnten.

Ja, die wären mit 5 Euro im Monat dabei. Aber das wird ihnen auf den Arbeitsämtern nicht gesagt. Denn offenbar hat der Staat kein Interesse daran, dass diese Menschen privat Vorsorge treffen, weil ihn das Geld kosten würde.

Sie sagten, die Vermögensberater helfen dem Staat. Aber sie verdienen ja auch an »Riester«.

Ja, aber die Berater verdienen relativ wenig daran. Wer in derselben Zeit eine normale Lebensversicherung verkauft, verdient wesentlich mehr. Wir machen es trotzdem. Und wir klären darüber auf, wie wenig aus der gesetzlichen Rente noch zu erwarten ist.

In den ersten Jahren gibt es erhöhten Beratungsbedarf, weil man während dieser Zeit die Eigenleistung aufstocken kann.

Ja, alle zwei Jahre. Man hat mit einem Prozent begonnen. Es geht bis vier Prozent. Das sind dann stattliche Beträge.

Stocken die Leute auf?

Bei uns machen das inzwischen 90 Prozent.

Und Ihr Marktanteil?

Im Neugeschäft zählen wir zu den Marktführern. Bisher wurde jeder achte Riester-Vertrag über die DVAG abgeschlossen. Beim Bestand liegt zwar die Allianz noch vor uns, aber deren Vorsprung wollen wir weiter verringern.

Wird die Riester-Rente sich durchsetzen?

Ich glaube ja.

Kommen wir zur »Rürup«-Rente. Dieses Angebot gibt es ja erst seit dem 1. Januar 2005. Die Vorzüge?

Es gibt keine.

Na ja, das Rürup-Modell lockt in der Ansparphase mit erheblichen Steuervorteilen.

Das gilt aber nur für einen relativ kleinen Personenkreis.

Ohnehin kommt »Rürup« nur für Freiberufler in Frage.

Ja, aber nur für solche, die allein leben, keinen Ehepartner und keine Kinder haben. Der entscheidende Nachteil ist eben: »Rürup« ist nicht kapitalisierbar und nicht beleihbar. Es kann nichts vererbt werden, nichts übertragen werden. Wer stirbt, ehe er Rürup-Rente beziehen kann, hat sein Geld auf gut Deutsch für die Katz' ausgegeben.

Nicht einmal die Witwe bekommt etwas.

Deswegen frage ich mich ja, wer soll das eigentlich machen?

»Rürup« wird sich also nicht durchsetzen?

Nein, da bin ich ganz sicher.

Ließe sich bei »Rürup« etwas reparieren?

Man müsste zumindest sicherstellen, dass die Ansprüche vererbt werden können. Und es müsste auch möglich sein, in Notfällen einen bestimmten Teil der angesparten Summe in Anspruch zu nehmen – wie das auch bei »Riester« jetzt nachträglich möglich gemacht wurde.

Kommen wir zur betrieblichen Altersvorsorge. Seit dem 1. Januar 2002 gibt es den Rechtsanspruch aller Angestellten und Arbeiter gegenüber dem Arbeitgeber, Gehaltsbestandteile in den Aufbau einer Betriebsrente zu investieren. Wie sind Ihre Erfahrungen?

Unterschiedlich. Der Vermittler muss zweimal überzeugen: den Arbeitnehmer, dass das vernünftig ist, und den Arbeitgeber, damit der zustimmt.

Der Arbeitgeber kann bestimmen, wo der Gehaltsbestandteil angelegt wird. Beraten Ihre Berater auch die Arbeitgeber?

Sie müssen, überwiegend in kleineren Betrieben. Bisher haben wir das in mehr als 60000 Betrieben getan.

Es gibt in Deutschland aber 3 Millionen Betriebe. Da sind 60000 nicht sehr viele.

Wir haben da einen Wettbewerbsnachteil. Konzerne wie die Allianz können zu ihren Unternehmenskunden sagen, wenn du die betriebliche Altersvorsorge deiner Mitarbeiter über uns regelst, dann erhöhen wir dir bei der Feuerversicherung oder bei der Haftpflicht die Prämie nicht. Solche »Geschäfte« können wir nicht machen, wir können da keinen Druck ausüben.

Jetzt zum wichtigsten Instrument der privaten Vorsorge, der Kapitallebensversicherung. Das ist wohl der Deutschen liebstes Kind?

Unbestritten, das war schon die beliebteste Form der privaten Vorsorge, als die Menschen noch Vertrauen in die staatliche Rente hatten. Zurzeit gibt es mehr als 94 Millionen Verträge bei 82,5 Millionen Einwohnern. Wenn wir nur auf die alte Bundesrepublik schauen, da hatten wir 1990 rund 72,4 Millionen Lebensversicherungen bei 63 Millionen Einwohnern, also eine noch höhere Quote als heute.

Nun sinkt seit Jahren die Überschussbeteiligung. Hat das nicht die Glaubwürdigkeit des Produkts beeinträchtigt?

Ja und nein. Die Versicherungsgesellschaften haben unterschiedlich reagiert. Ich bin sehr stark in die Fondsgebundene Lebensversicherung gegangen. Das heißt, die Beiträge werden nicht in Immobilien, einzelnen Aktien oder festverzinslichen Wertpapieren angelegt, sondern in Fonds, wie es in England fast ausnahmslos üblich ist. Der Kunde kann entscheiden, in welchen Fonds er seine Beiträge investiert haben möchte – Renten, Aktien oder gemischt. Auf diese Weise schützen wir das gesparte Kapital gegen allzu heftige Kursschwankungen.

Für alle Verträge, die nach dem 1. Januar 2005 abgeschlossen werden, wird die Summe der Erträge voll besteuert. Falls die Summe erst nach dem 60. Lebensjahr fällig wird, wird der Er-

trag nur zur Hälfte besteuert. Bedeutet das den Tod der Lebensversicherung?

Nein, sie wird ein Pfeiler bei der privaten Vorsorge bleiben. Die Lebensversicherung ist übrigens auch weltweit die bevorzugte Form der privaten Vorsorge, auch in solchen Ländern, wo die Lebensversicherung steuerlich nur ganz geringfügig begünstigt wird.

Der Jahreswechsel 2004/2005 mit den einschneidenden Veränderungen hatte beim Abschluss von Lebensversicherungen zu einem Boom geführt. Da wurde mancher Abschluss vorgezogen. Es war demnach keine Überraschung, dass 2005 für die Lebensversicherer kein so tolles Jahr wurde.

Sie haben völlig Recht. Der Ansturm auf Lebensversicherungen vor dem Jahreswechsel war für deutsche Verhältnisse unvorstellbar. 2004 sind insgesamt nahezu 11,8 Millionen Lebensversicherungs-Policen abgeschlossen worden. Ich hatte allerdings die Branche davor gewarnt, die Bevölkerung so massiv auf den Stichtag 31. Dezember 2004 einzustimmen. Das musste ja so aufgefasst werden, als werde es sich von 2005 an nicht mehr lohnen, eine Lebensversicherung abzuschließen. Folglich ging die Zahl der Neuabschlüsse bei Lebensversicherungen im Jahr 2005 zurück.

Ganz ehrlich war die Werbung der Versicherer nicht. Es wurde gesagt, künftig müsst ihr alles versteuern. Dabei wird eben nur der Ertragsanteil besteuert, und der unter bestimmten Umständen nur zur Hälfte. Ich wette, dass die neue Werbung nun lautet, nach wie vor lohnen sich die steuerlichen Vorteile einer Lebensversicherung.

Noch immer ist die Lebensversicherung das aus steuerlicher Sicht am besten geeignete Produkt für private Vorsorge. Den Erwartungen der Banken und Investmentgesellschaften, jetzt zu Lasten der Lebensversicherung vermehrt Sparpläne absetzen zu können, gebe ich keine große Chance.

Bleiben wir noch bei der Kapitallebensversicherung. Bei dieser Form der Vorsorge lege ich mich ja auf 30, 40 Jahre fest. Aber wenn ich arbeitslos werde, kann ich vielleicht die Beiträge nicht mehr zahlen, oder wenn ich dringend Geld brauche, komme ich nur unter erheblichen Verlusten an das angesparte Geld heran. Passt also das Produkt Kapitallebensversicherung noch in unsere schnelllebige, zur Flexibilität zwingende Zeit?

Die herkömmliche Kapitallebensversicherung mit festen Beiträgen, einer garantierten Mindestverzinsung und der Auszahlung der Gesamtsumme im Alter von 60 oder 65 Jahren ist in der Tat vielen zu unflexibel. Allerdings wollen viele Menschen, aus verständlichen Gründen, mit ihren Beiträgen an der Entwicklung der Aktienmärkte teilhaben. Auch spielt der Wunsch, die unsichere staatliche Rente im Alter aufzustocken, eine immer größere Rolle. Deshalb habe ich ja schon vor mehr als 35 Jahren, damals noch bei der Bonnfinanz, die Fondsgebundene Lebensversicherung entwickelt. Dieser Form der Lebensversicherung gehört meines Erachtens die Zukunft, nicht zuletzt mit der Variante der Fondsgebundenen Rentenversicherung.

Aber die Flexibilität …

Ja, auch die wird immer wichtiger. Deshalb haben wir zusammen mit der AachenMünchener Anfang 2005 die neue »Wunschpolice« eingeführt. Dabei hat uns der Gesetzgeber geholfen, der im Rahmen des Alterseinkünftegesetzes die zum Teil sehr starren Auflagen für Lebensversicherungen deutlich gelockert hat. Diese Wunschpolice ist vom Markt hervorragend angenommen worden. Zwischen ihrer Einführung zum 1. Januar 2005 und dem 30. April 2006 haben allein wir mehr als 250000 Verträge vermittelt.

Noch weiß nicht jeder, was unter »Wunschpolice« zu verstehen ist.

(Lacht.) Noch nicht. Aber es wird sich herumsprechen, wie flexibel diese Police ist. Sie sind bei der Kapitalanlage flexibel, können zum Beispiel einen Teil Ihrer Beiträge in Fonds anlegen, Sie können sich eine Rente in garantierter Höhe sichern, Sie können – je nach persönlichen Umständen – die Versicherungssumme erhöhen, Sie können sicherstellen, dass Sie bei Arbeitslosigkeit die Versicherung nicht stornieren müssen, Sie können sich einen Teil der Versicherungssumme auch schon vor dem Ende der Laufzeit auszahlen lassen und so weiter. Noch flexibler geht es eigentlich nicht.

Die Arbeitnehmer, die etwas besser verdienen, können von ihren Beiträgen zur Lebensversicherung steuerlich nicht viel absetzen, weil der Höchstbetrag für Vorsorgeaufwendungen durch die Beiträge zur Rentenversicherung schon mehr oder weniger ausgeschöpft wird. Dann wird der Ertrag im Alter noch mal besteuert. Sie zahlen also aus versteuertem Einkommen und müssen den Ertrag dennoch versteuern. Das ist doch faktisch eine Doppelbesteuerung?

Im Grunde ja, obwohl es in der Praxis nicht so tragisch ist. Viele Menschen glauben, künftig den ganzen Auszahlungsbetrag der Versicherung am Ende der Laufzeit versteuern zu müssen. Wenn jemand in eine Lebensversicherung im Lauf der Jahrzehnte 50000 Euro eingezahlt hat und ihm 100000 Euro ausbezahlt werden, dann müssen nach der Neuregelung nur 50 Prozent der Erträge von 50000 Euro, also 25000 Euro, versteuert werden. Das gilt dann, wenn der Versicherte zum Zeitpunkt der Auszahlung mindestens 60 Jahre alt ist und die Versicherung mindestens zwölf Jahre lang bestanden hat. Manche Anbieter haben sich aber bei der Werbung das Unwissen vieler Menschen zu Nutze gemacht. Da hat Ende 2004 mancher in Torschlusspanik noch schnell eine hohe Lebensversicherung abgeschlossen.

Kapitallebensversicherung heißt, ich bekomme das einbezahlte Geld zurück – plus die Mindestverzinsung, meistens aber sogar noch mehr. Könnte man nicht auch Altersvorsorge betreiben, indem man die Familie über eine Risikolebensversicherung, die nur im Todesfall ausbezahlt wird, absichert und zusätzlich einen Fondssparplan für die Vermögensbildung abschließt?

Theoretisch ist das möglich. Was aber passiert im Fall der Berufsunfähigkeit? Wenn der Versicherte dann unter Umständen die Beiträge für die Risikolebensversicherung nicht mehr zahlen kann, steht die Familie ohne jeden Schutz da. Deshalb kann eine Lebensversicherung in Kombination mit einer Zusatzversicherung für den Fall der Berufsunfähigkeit der günstigere Weg sein. Dann würden nämlich die Beiträge für die Lebensversicherung weiterlaufen, und die Familie bliebe abgesichert. Das kann auch für steigende Versicherungssummen, mit denen künftige Preissteigerungen ausgeglichen werden, vereinbart werden. Außerdem bieten private Rentenversicherungen künftig erhebliche steuerliche Vorteile und können sich daher eher lohnen als ein Fondssparplan. Aber wie in fast allen Fragen des Vermögensaufbaus und seiner Absicherung ist es auch hier ratsam, mit pauschalen Aussagen zurückhaltend zu sein. Es kommt immer auf die individuellen Umstände an.

Jetzt möchte ich ein paar Vergleiche anstellen. Private Lebensversicherung gegenüber privater Rentenversicherung – wo liegen die Vorteile, wo die Nachteile?

Eine Kapitallebensversicherung kann man aus zwei Gründen abschließen: um während der Laufzeit die Familie abzusichern und um am Ende der Laufzeit über einen größeren Betrag zu verfügen. Mit dem kann man das Haus abbezahlen, eine Kreuzfahrt machen oder sonst etwas. Die private Rentenversicherung hat bei längerer Lebenserwartung einen großen Vorteil, denn mir wird ein vereinbarter monatlicher Betrag sehr lange ausgezahlt. Der Nachteil liegt aber darin, dass die private Rentenversicherung während der Laufzeit die Angehörigen nicht für den Fall des Todes absichert.

Und nun: private Lebensversicherung versus Fondssparen. Bei der Kapitallebensversicherung wird ja von meinem monatlichen Beitrag ein Teil zur Risikoabsicherung verwendet. Beim Fondssparen wird dagegen mehr Geld für mich angelegt.

Das ist richtig. Beim Sparen in Investmentfonds wird ein größerer Teil der monatlichen Prämie für die Kapitalbildung verwendet. Allerdings haben viele Menschen vor ein paar Jahren die Erfahrung machen müssen, dass zum Beispiel Aktienfonds sehr stark an Wert verlieren können. Deshalb bieten inzwischen viele Fondsgesellschaften so genannte Garantiefonds an, wo in jedem Fall das Kapital erhalten bleibt. Die Kunden können hoffen, mehr Ertrag zu haben, ohne sich sorgen zu müssen, alles zu verlieren. Das hat dem Fondssparen zu einem kräftigen Aufschwung verholfen.

Wir reden immer über Kapitalanlagen zur Altersvorsorge. Welche Rolle spielen Ihrer Meinung nach das Eigenheim und die Eigentumswohnung?

Das Eigenheim spielt psychologisch eine große Rolle, weil die Bausparkassen es verstanden haben, dies als beste Form der Altersversorgung zu propagieren. Bausparen ist ein Produkt, das jeder versteht: Die Einfachheit fördert die Attraktivität. Aus meiner Sicht spielt im Bewusstsein der Bevölkerung das Eigenheim eine zu große, eine gefährliche Rolle. Man vergisst, dass das Eigenheim selber keinen Ertrag bringt, man spart nur die Miete. Aber die laufenden Kosten und der Erhaltungsaufwand bleiben außer Acht.

Meine Eltern hatten sich ihr Häuschen wirklich hart erspart. Für meine Mutter war es immer sehr beruhigend, notfalls das Haus verkaufen und damit den Aufenthalt im Altersheim finanzieren zu können.

Ja, das verstehe ich. Das Eigenheim spielt eine zentrale Rolle, wird aber überschätzt. Das Haus allein reicht nicht aus zur Altersvorsorge. Im Alter brauche ich auch laufende Einkünfte.

Sicherheit wird unter dem Eindruck des Börsencrashs 2000/2001 immer wichtiger. Ist der Staat nicht letztlich doch noch zuverlässiger als Banken und Versicherungen? Immerhin wurden selbst 1945 die Renten noch ausbezahlt.

Ja, so könnte man das sehen. Dennoch wird bei uns der in Amerika schon vorherrschende Eindruck immer stärker: Vergiss den Staat. Richte es so ein, dass du eines Tages auch ohne Vater Staat auskommst. Richtig ist, der Staat wird immer ein gewisses Minimum garantieren, die Sozialhilfe zum Beispiel.

Aber »Hartz IV« hat doch vieles ins Wanken gebracht. Meine Vermögensberater mit ihren vier Millionen Kunden sind das größte Meinungsforschungs-Institut in Deutschland. Monatlich bis zu 200000 Unterschriften unter Verträge erfordern mindestens eine halbe Million Gespräche, Monat für Monat. Ich weiß, was draußen los ist. Und deshalb bin ich mir sicher: Das Vertrauen gegenüber dem Staat schwindet immer mehr.

Um beim Thema Sicherheit zu bleiben: Der Konkurs der Mannheimer Versicherung hat Zweifel geweckt an der Stabilität der privaten Versicherungen. Wie stark hat das geschadet? Wie viele solcher Fälle kann der Sicherungsfonds auffangen?

In Deutschland vertraute man den Banken nie so ganz – denken Sie an die Herstatt-Pleite –, umso mehr aber den Versicherungen. Dann ist es doch passiert. Aber es tröstete die Deutschen, dass es bei der Mannheimer nicht am System lag, sondern einfach daran, dass sich der Vorstand an der Börse verspekuliert hat. Deshalb war der Schaden für die Branche nicht allzu hoch. Doch der Sicherungsfonds kann nicht viele solcher Fälle auffangen.

Was sind die schlimmsten Fehler, die man bei der privaten Vorsorge machen kann?

Die Wahl falscher Formen der Vorsorge. Ein solcher Fehler ist, wenn Vermögende in den grauen Kapitalmarkt gehen, also zum Beispiel in geschlossene Fonds für Schiffe oder Immobilien. Und: Ein grundlegender Fehler ist allemal, wenn man auf Versprechungen vertraut – auf Versprechungen des Staates, die staatliche Rentenversicherung sei sicher, oder auf Versprechen der Kinder, sie würden die Eltern im Alter unterstützen. Diese beiden Pfeiler der Altersvorsorge tragen heute nicht mehr.

Sie haben mehr Erfahrungen in diesem Bereich als irgendjemand sonst. Was sind die wichtigsten Regeln bei der privaten Vorsorge? Gibt es da »goldene Regeln«?

Ich meine, man muss auf zehn Punkte achten. Erstens: Man kann mit der Vorsorge nicht früh genug anfangen. Wenn einer mit 25 Jahren schon finanziell dazu in der Lage ist, soll er nicht bis 30 warten. Der Zinseszins-Effekt ist umso stärker, je länger er sich auswirken kann.

Zweitens: Sicherheit kommt vor Rentabilität und Steuerersparnis. Drittens: nicht nur ans Alter, sondern auch an Berufsunfähigkeit oder Krankheit denken. Die vierte Regel: sich nicht auf andere verlassen, weder auf den Staat noch auf die Familie. Fünftens und besonders wichtig: alle staatlichen Vergünstigungen ausschöpfen. Dem Staat nichts schenken.

Das gilt aber nur innerhalb bestimmter Einkommensgrenzen.

Das ist richtig. Aber sehr viele Menschen in den unteren Einkommensschichten nutzen die staatliche Förderung bei »Riester« oder beim Bausparen nicht aus und schenken dem Finanzminister jedes Jahr Milliarden-Beträge.

Fünf Regeln haben Sie schon genannt. Kommt jetzt also die sechste.

Mein sechster Grundsatz lautet: sich gegen die wichtigsten Gefahren des Alltags ausreichend absichern. Denn unvorhergesehene Schäden können jede Altersvorsorge zunichte machen. Deshalb ist die Haftpflicht-Versicherung so wichtig. Mein siebter Grundsatz heißt: nicht alle Eier ins gleiche Nest legen.

Also nicht etwa alles auf das Eigenheim oder auf die Börse setzen.

Nein, auch hier gilt: Die Mischung macht's. Achtens: auf riskante Vermögensanlagen verzichten. Was haben die Menschen am grauen Kapitalmarkt oder bei Immobilien in den neuen Ländern Geld verloren!

Bleiben noch zwei Punkte …

Ja, zwei ganz wichtige. Man kann nie sagen, ich habe jetzt diese und jene Versicherung abgeschlossen. Nein, das reicht nicht. Deshalb lautet meine neunte Regel: in regelmäßigen Abständen, also mindestens alle zwei Jahre, die Versorgungssituation überprüfen. Das ist ganz entscheidend. Zu sehen, was hat sich geändert, an meiner finanziellen Situation, an meinen Bedürfnissen fürs Alter. Dazu gehört auch die Frage: Sind meine Anlagen immer noch so sicher, wie ich das gedacht habe?

Und die zehnte Regel?

Ganz wichtig: Man sollte sich einen Vermögensberater leisten. Denn nicht jeder, der in der Lage ist, ausreichend Geld zu verdienen, ist auch in der Lage, die richtigen Entscheidungen zur Geldanlage zu treffen. Deshalb muss man sich gerade bei der Vorsorge beraten lassen.

Ein Vorschlag für eine zusätzliche goldene Regel: Man müsste im Mathematikunterricht zwingend Zinseszinsrechnung am Beispiel von Lebensversicherungen oder Sparplänen vorschreiben.

Hundertprozentige Zustimmung!

7
Deutschland in der Krise

»In diesem Land fehlt die Aufbruchstimmung«

Willy Brandt machte 1972 Wahlkampf mit dem Slogan: »Deutsche, wir können stolz sein auf dieses Land!« Können wir das noch?

Höchstens ganz eingeschränkt. In diesem Land hat sich vieles verändert, und vielfach nicht zum Guten.

Unser Markenzeichen waren überdurchschnittliche wirtschaftliche Leistungsfähigkeit und sozialer Friede. Heute gibt es Wachstumsschwäche und hohe Arbeitslosigkeit. Wer hat versagt, die Politik oder die Wirtschaft?

Beide. Die Politik insofern, als sie dem Bürger einen großen Teil der Selbstverantwortung abgenommen hat. Die Folge war, dass man jetzt überall auf gesunkene Leistungsbereitschaft trifft. Gewiss hat auch die Wirtschaft versagt. Diese beiden Entwicklungen treffen auf unheilvolle Weise zusammen. Ein kleines Indiz: Viele Menschen reden nicht mehr vom Beruf, der ja auch etwas mit Berufung zu tun hat, sondern von ihrem »Job«. Die Sprache verrät eine Tendenz.

Bleiben wir bei der Politik. Seit den neunziger Jahren herrscht Wachstumsschwäche, Deutschland ist schon seit 1994 das Schlusslicht in Europa. Da müssen die Weichen ja bereits in den 16 Jahren der Ära Kohl falsch gestellt worden sein?

Unbestritten liegen in dieser Zeit auch etliche Wurzeln der heutigen Misere. Staatliche Förderung wurde in den Vordergrund gestellt, siehe das Beispiel Pflegeversicherung. Davon später wieder herunterzukommen, ist schwer. Die Politik hat für den Einzelnen zu viel des Guten getan.

Ist den Deutschen eigentlich bewusst, wie es wirklich um dieses Land steht?

Kaum. Zwar geht es dem Staat schlecht. Der Einzelne denkt aber, mir kann nichts passieren, weil der Staat mich nicht fallen lassen kann. Die allgemeine Überzeugung, der Staat halte über alles und alle schützend die Hand, wird zum Beispiel gefördert durch die Unfähigkeit zum Subventionsabbau.

Wirtschaftlich gesehen geht es seit der Wiedervereinigung bergab. Die Verschuldung ist gestiegen, die Beiträge zur Sozialversicherung mussten angehoben werden.

Wir hatten schon vor der Wiedervereinigung den Staat überfordert. Zu einem gewissen Teil ist die deutsche Einheit eine der Ursachen für die heutige Lage, aber ohne sie wäre alles noch viel, viel schlimmer.

Wieso das?

Ich bin zutiefst davon überzeugt, dass es ohne die Wiedervereinigung zur Massenabwanderung aus der DDR in die Bundesrepublik gekommen wäre. Die Wiedervereinigung war unumgänglich und hat trotz negativer Folgen befruchtend gewirkt.

Sie meinen, selbst eine demokratisch legitimierte DDR hätte nicht lange Bestand gehabt?

Das ist meine Ansicht.

Man kann die Lage auch positiv sehen. Wir transferieren jedes Jahr drei bis vier Prozent des Bruttoinlandsprodukts von West nach Ost. Wir leben also mit 96 Prozent unserer Wirtschaftsleistung, andere Länder haben 100 Prozent für sich zur Verfügung. Ist das nicht ein Zeichen, dass Deutschland leistungsfähiger ist, als wir manchmal selbst glauben?

Natürlich. Im Kern ist dieses Land in einer Verfassung, die einen »turn around« erlaubt. Und es gibt ja tatsächlich auch blühende Landschaften im Sinne Helmut Kohls.

Fehlt der politischen Klasse der Mut, den Menschen reinen Wein einzuschenken?

Dies endlich zu tun, das wäre ganz entscheidend. Immerhin gibt es bei der Großen Koalition ein paar richtige Ansätze. Die Abschaffung der Eigenheimzulage war so einer, auch die Anhebung des Renteneintrittsalters auf 67 Jahre. Das ist alles nicht sehr populär, war aber notwendig.

Aber diese Reformen reichen doch bei weitem nicht.

Nein, das tun sie nicht. Aber wenigstens bewegt sich Schwarz-Rot etwas näher an der Wirklichkeit als Rot-Grün. Und in Berlin sagt kein Verantwortlicher mehr: »Die Rente ist sicher.« Das ist doch schon ein Fortschritt.

Nach dem Platzen der Spekulationsblase an der Börse und der ersten Insolvenz einer Lebensversicherung: Ist da der Schlachtruf der Wirtschaftsliberalen »Mehr Markt!« noch vernünftig und glaubwürdig?

Ja, mehr Markt und weniger Staat, das ist immer noch richtig. Erforderlich wäre auch mehr Leistungsbereitschaft. Aber das ist schwierig zu erreichen – wie es sehr schwierig ist, Kinder umzuerziehen.

Die Steuern sind kräftig gesenkt worden, da hat Rot-Grün mehr getan, als wir beide dieser Regierung zugetraut hätten. Bei der Rente ist mit »Riester« die Eigenverantwortung eingeführt worden. Im Gesundheitswesen ist, bei allen Fehlern, eine höhere Eigenbeteiligung erreicht worden. Trotzdem war keine wesentliche Besserung der Lage zu verzeichnen.

Das ist eine alte Erfahrung von mir, die sich immer wieder bestätigt. Man macht ein Gesetz, aber kümmert sich nicht darum, wie es unters Volk gebracht wird. So ist der Zusammenhang zwischen Kürzung der gesetzlichen Rente und Einführung der Riester-Rente nicht mutig genug dargestellt worden.

Mir geht es vor allem um die Steuersenkungen. Die Wirtschaft wurde erheblich entlastet, und die These, dies beflügele die Investitionsbereitschaft, war ja auch richtig: Die Wirtschaft hat investiert, aber im Ausland.

Ja, es ist mehr geschehen, als ich erwartet hatte. Die Steuersenkung allein nützt aber nicht viel. Jede Kette ist nur so stark wie ihr schwächstes Glied. Eine einzige schlechte Entscheidung kann mehrere gute neutralisieren. Andere Hemmnisse wie der Kündigungsschutz beeinträchtigen die im Prinzip richtigen Steuersenkungen.

Zurück zu Ludwig Erhard: Wie aktuell ist eigentlich sein Konzept noch?

Eigentum bedeutet Freiheit. Und Marktwirtschaft ist untrennbar mit Leistungsbereitschaft verbunden. Das ist beides noch sehr aktuell.

Erhards Slogan war »Wohlstand für alle«.

Und das hat man später umgewandelt in »Sicherheit für alle«, ohne dass der Einzelne einen eigenen Beitrag leisten musste. Erhard meinte aber, die Politik müsse die Voraussetzungen schaffen für das Handeln des Einzelnen.

Müsste es nicht heißen »Arbeit und Auskommen für alle« statt »Wohlstand für alle«?

Das wäre heute richtiger und wichtiger.

»Hartz IV« bestraft denjenigen mit dem Entzug staatlicher Leistungen, zum Teil sogar sehr drastisch, der sich nicht um Arbeit bemüht. Aber wenn, wie in den neuen Ländern, auf eine freie Stelle 500 Bewerbungen kommen, was dann?

In »Hartz IV« steckt unbestritten Vernünftiges. Aber viele Arbeitslose können sich den negativen Folgen nicht aus eigener Kraft entziehen, weil die Rahmenbedingungen nicht entsprechend sind. Doch wären Sonderregelungen für die neuen Länder problematisch.

Was heißt heute »sozial«? Bis in die achtziger Jahre bedeutete es: Der Staat nimmt mir mehr oder weniger die Risiken ab.

Man sprach zu Recht von Vollkasko-Mentalität. Das ist vorbei. Heute muss sich Sozialpolitik auf diejenigen konzentrieren, die sich nicht selbst helfen können. Die Politik versagte insofern, als sie Menschen, die sich hätten helfen können, dazu brachte, weniger zu tun, als eigentlich möglich war. So fehlen nun der Politik für die tatsächlich Bedürftigen ausreichende Mittel.

Nehmen wir zum Beispiel die Eigenheimzulage: Bis 2003 wurde noch gefördert, wer ein Familieneinkommen bis zu 81500 Euro hatte; das wurde dann von 2004 an auf 70000 Euro reduziert. Der Staat förderte also so genannte besser Verdienende.

Das ist für mich ebenso unverständlich wie das Kindergeld ohne Einkommensgrenze. Dass meine beiden Söhne Kindergeld für meine Enkel bekommen, das ist schlichtweg unverständlich. Immerhin wurde die Eigenheimzulage inzwischen abgeschafft und damit auch diese merkwürdige Form der Förderung.

Ein wesentlicher Bestandteil des Sozialstaats ist der so genannte Generationenvertrag. Wenn ein junger Mann, eine junge Frau heute noch Vertrauen in den Staat hätte, wäre das dann vernünftig oder fahrlässig?

Wohl nicht grob fahrlässig, wie das die Juristen unterscheiden, aber fahrlässig, so viel kann man sagen. Der Generationenvertrag entstand aus der Absicherung in der Familie, dass eben die Jüngeren für die Älteren zu sorgen hatten. Dieses Ur-Vorbild ist mit dem Verfall familiärer Bindungen im Lauf der Zeit dahingegangen.

Es gab in Deutschland ein kapitalgedecktes Rentensystem. Adenauer stellte die Rentenversicherung um auf das Umlage-

verfahren. Seine Begründung lautete: Kinder kriegen die Leute von allein.

Adenauer wurde in einer Zeit groß, als das in der Tat selbstverständlich war. Familien mit drei, vier, fünf Kindern, das war zu Adenauers Zeiten nichts Besonderes. Er konnte den gesellschaftlichen Wandel, der nicht nur aus den Folgen des Pillenknicks oder der Emanzipation der Frau bestand, nicht vorausahnen.

Die Jungen stehen heute vor einer doppelten Herausforderung: Sie müssen die Renten für ihre Eltern und Großeltern finanzieren, wissen dabei, dass sie selbst nie so viel bekommen werden, und müssen gleichzeitig noch privat für sich selbst vorsorgen. Und wenn sie eines Tages sagen: Das machen wir nicht?

Ich sehe die Gefahr. Zwar verdrängt jeder gern das Unangenehme. Und es ist verständlich, wenn der Dreißigjährige nur ungern an das 65. oder 67. Lebensjahr und das Ausscheiden aus dem Erwerbsleben denkt. Aber immer mehr junge Leute beschäftigen sich heute schon intensiv mit diesen Themen.

Müssten die Jungen nicht viel stärker auf die Barrikaden gehen?

Das ja, aber sie müssten gleichzeitig mehr zur Selbsthilfe unternehmen, als sie es tun. Wenn das Vertrauen in den Staat immer mehr schwindet, nützen Barrikaden allein nichts. Der Staat ähnelt immer mehr einem nackten Mann. Dem kann man nicht in die Tasche greifen.

Selbst wenn die Jungen sich stärker engagierten, ist die Zahl der Älteren doch wesentlich größer. Die Politik wird sich im Zweifel nach den Älteren richten.

Die Jungen haben in der Tat vergleichsweise geringe Chancen, wenn es um den Einfluss geht, der bei Wahlen ausgeübt werden kann. Davon muss man ausgehen.

Zu einem anderen Thema: Versicherungsbetrug und Steuerhinterziehung. Schätzungen sprechen von 60 bis 80 Milliarden Euro Steuerhinterziehung jährlich, damit könnte man den Bundeshaushalt bequem ausgleichen. Sind wir ein Volk von Steuerhinterziehern und Betrügern?

Die Menschen sind, wie sie sind. Aber Steuerhinterziehung und Versicherungsbetrug sind zwei ganz unterschiedliche Dinge. Steuerunehrlichkeit oder auch Schwarzarbeit sind ein Indiz dafür, dass die Leute glauben, sie hätten zu wenig in der Tüte. Sie fühlen sich vom Staat oder auch vom Arbeitgeber ungerecht behandelt. Beim Versicherungsbetrug ist die Lage etwas anders. Die Leute glauben, irgendwie müssten sie bei der Versicherung zumindest das herausbekommen, was sie an Beiträgen einbezahlt haben. Deshalb fehlt das Unrechtsbewusstsein, man hat nicht das Gefühl, jemanden konkret zu schädigen. Aber wie auch immer: Das Gemeinsame bei Steuerhinterziehung und Versicherungsbetrug ist das Schwinden der Ehrlichkeit.

Unser Sozialprodukt wäre etwa 15 Prozent höher, wenn Schwarzarbeit offiziell erfasst würde. Für jeden, der schwarzarbeitet, gibt es auch einen Schwarz-Arbeitgeber. Auch die sind Betrüger.

So ist es. Da hat sich eben eine Interessensgemeinschaft gebildet. Wäre die Steuerlast niedriger, dann wäre die Schwarzarbeit weniger weit verbreitet.

Die Schwarzarbeit ist sozusagen das Luxemburg des kleinen Mannes.

Das ist eine gute Umschreibung. Es gibt Firmen, in denen sich Mitarbeiter am Montag regelmäßig krank melden, weil sie übers Wochenende schwarzgearbeitet haben. Jetzt brauchen sie den freien Tag zur Erholung.

Die Schwarzgeld-Konten in Luxemburg gehören den Besserverdienern. Was kann man dagegen tun?

Sicher nichts durch höhere Strafen. Gegen Steuerhinterziehung hilft nur die Verringerung der Steuerlast. Menschliches Verhalten lässt sich am besten durch entsprechende Systemveränderung beeinflussen.

Manche Manager sind ebenfalls große Abzocker, obwohl sie eigentlich eine Vorbildfunktion ausüben sollten. Hat auch unsere Wirtschaft die moralischen Maßstäbe verloren?

Es gibt auch in der Wirtschaft Anzeichen dafür, dass unsere bewährten Wertmaßstäbe nicht mehr so viel gelten.

Bei dem großen Börsenboom in den neunziger Jahren sind die Banken ja wohl auch nicht ihrer Verantwortung gerecht geworden.

Man muss sehen, dass die Banken in vielen Fällen versagt haben. Es gab Unternehmen, die an die Börse gebracht wurden, obwohl überhaupt nichts dahinter war. Da geht der Vorwurf in der Tat an die Banken. In Amerika ist übrigens die Börsenaufsicht viel strenger als bei uns.

Nun fiel bei uns die Entwicklung an den Börsen mit einem Generationenwechsel in den Unternehmensvorständen zusammen. Wo sehen Sie die entscheidenden Unterschiede zwischen der früheren Führungsriege und den Jungstars von heute?

Die Generation der Röller, Schieren oder von Pierer hat sich mit dem jeweiligen Unternehmen identifiziert. Da standen die materiellen Bezüge nicht so sehr im Vordergrund. Den Jüngeren fehlt bedauerlicherweise oft diese Bindung. Sie sind heute da, morgen dort, gehen übermorgen wieder woandershin. Aber auch und gerade in großen Unternehmen können die, die an der Spitze stehen, eine ungemein prägende Wirkung entfalten, durch Persönlichkeit und Verbundenheit. Ganz junge Leute können das nicht. Bei einem Mann wie Wolfgang Röller an der Spitze der Dresdner Bank, da hatten die Mitarbeiter das Gefühl, der weiß, worauf es ankommt. Ich kann nur immer wieder sagen: Es muss Vorbilder geben.

Spielt nicht auch eine Rolle, dass die heutige Generation – fast zwangsläufig – auf den täglichen Aktienkurs fixiert ist?

Das ist ganz schlimm. Man kann nicht sagen, dass der Kurs die ältere Managergeneration überhaupt nicht interessiert hätte, aber sie waren in der Tagesarbeit nicht allein auf die Kursentwicklung fixiert. Es gab auch noch nicht die Pflicht zur Quartalsberichterstattung.

Die Bedeutung der Börse ist zweifelsfrei gestiegen, was im Grunde nicht schlecht ist.

Auf der einen Seite ist die Börse ein positives Element. Es sind aber doch Auswüchse, wenn ein Unternehmen bekannt gibt, es werde sich von Tausenden von Mitarbeitern trennen, und daraufhin der Aktienkurs sogleich steigt – jedenfalls in der Regel.

Was fehlt der heutigen Managergeneration?

Wie schon gesagt, die Bereitschaft zur Kontinuität. Es fehlt die Geduld, in dem Unternehmen, das man leitet, alt zu werden. Ein von Pierer hätte nie den Wunsch gehabt, von Siemens wegzugehen. Die heutige Generation verhält sich auch viel kälter gegenüber den Mitarbeitern. Die Beziehungen zu den Mitarbeitern sind für viele Manager zweitrangig. Es kommt aber ganz entscheidend darauf an, dass sich zwischen Führungskräften und Mitarbeitern ein Verständnis für das gemeinsame Interesse am Unternehmen herausbildet. Die Mitarbeiter müssen stolz sein können auf ihre Firma. Das gelingt nur, wenn an der Spitze Menschen stehen, mit denen sie sich identifizieren. Wenn die da oben aber nur die Aktienkurse im Sinn haben oder schon morgen wieder weg sind, dann funktioniert das mit der Identifikation nicht. Ich bin überzeugt: Wenn alle Manager gegenüber den Belegschaften ihre Pflicht täten, bräuchten wir keine Gewerkschaften.

Ex-Kanzler Helmut Schmidt beklagt immer, der heutigen Politikergeneration fehle die Kriegserfahrung. Fehlen den Managern analog die Erfahrungen des Wiederaufbaus?

Das unterstreiche ich zehnfach.

Wir können aber nicht alle 30 Jahre einen Krieg führen, damit Politiker und Manager zu ihren Erfahrungen kommen.

Leider lassen sich Erfahrungen nicht so einfach weitergeben. Denken Sie daran, wie das bei Kindern ist – ein Kind muss erst schmerzhaft auf eine Herdplatte gefasst haben, um zu wissen, was heiß ist. Es wird der heutigen Managergeneration auch oft zu leicht gemacht. Und dann kommt noch ein gewisser Jugendwahn dazu. Jung zu sein ist bereits der halbe Einstieg in eine Position. Ich bin jung, ich bin dynamisch, ich kann alles besser, die Alten können ja noch nicht mal Englisch – das ist heute vielfach die Einstellung.

Sie haben viel mit Banken zu tun. Die galten in Deutschland lange Zeit als Inbegriff der Stabilität und Seriosität. Der Ruf hat stark gelitten.

Ja, zu Recht. Die großen Geldinstitute sind aus meiner Sicht im Vergleich zu Volksbanken oder Sparkassen immer überbewertet worden. Man schaute zu ihnen auf. Und so ist das, wenn der Musterschüler plötzlich eine Fünf schreibt: große Enttäuschung.

Es gab nicht nur ein paar »Fünfer«. Da kommt eher eine ganze Sündenliste zusammen.

Die Großbanken haben strategische Fehler gemacht. Heute raus aus dem Privatkundengeschäft, morgen wieder rein. Plötzlich hieß es: Konzentration auf das Investmentbanking. Und dann die ständigen Fusionsspekulationen: Deutsche Bank mit der Dresdner, dann Dresdner und Commerzbank, dann hieß es plötzlich wieder, kehrt marsch! Das hatte dramatische Auswirkungen auf die Belegschaften: nicht zu wissen, bei welchem Unternehmen man morgen sein wird.

Unsicherheit gab es auch bei den Kunden. Wer plötzlich von der Deutschen Bank zur Deutschen Bank 24 abgeschoben wurde, hatte das Gefühl, nicht mehr wichtig zu sein. Auch die Dresdner Bank wollte plötzlich keine Kunden mehr mit weniger als 100000 Euro im Depot.

Die Privatkunden bekamen plötzlich das Gefühl, in einer Klassengesellschaft zu leben, vergleichbar den gesetzlich und den privat Versicherten. Das hat die Deutsche Bank und die Dresdner Bank viele Kunden und sehr viel Geld gekostet.

Aber solche strategischen Fehler müssen doch der DVAG zugute kommen. Sie müssten eigentlich Dankesbriefe an die Großbanken schreiben.

Im Grunde ja. Es hat meine Allfinanz-Konzeption deutlich gefördert, weil das Ansehen der Banken gewaltig litt.

Sie sagten, Volksbanken und Sparkassen hätten nicht so stark an öffentlicher Wertschätzung eingebüßt. Haben die weniger Fehler gemacht?

Sie haben eine andere Klientel. Sie dienen dem Normalverbraucher und hatten, könnte man sagen, einfach nicht die Chance, große Fehler zu begehen.

Wirklich nicht? Nehmen sie die Sparkassen von Frankfurt oder Mannheim. Die mussten beide von anderen Instituten übernommen werden.

Richtig. Einzelne große Sparkassen haben auch die Fehler großer Banken gemacht, haben sich ebenfalls bei ihren Engagements an der Börse oder auf dem Immobilienmarkt verspekuliert.

Ich verstehe nicht, wieso ein Institut wie die Deutsche Bank trotz großer Marketingabteilung und unzähligen externen Consultants solche elementaren Fehler machte. Wobei doch jeder halbwegs intelligente Laie sah, dass das nicht gut gehen kann.

In unserer Zeit spielen Berater eine Rolle wie nie zuvor. Bei mir lasse ich keinen rein. Um beraten zu können, muss man das Unternehmen von innen kennen, nicht nur aus den Büchern.

Sieht mancher, der von außen draufschaut, nicht manches, was den Betriebsblinden entgeht?

Nun gut. Aber viele Berater, die anschließend zu Chefs gemacht wurden, haben in der Praxis ihre Schwächen offenbart. Da galt: Theorie Eins, Praxis Fünf minus.

Mein Eindruck ist, wenn ein Vorstand etwas für die Belegschaft Unangenehmes durchsetzen will, holt er einen Consultant.

Das ist die Alibifunktion. In den siebziger oder achtziger Jahren kannte man so etwas gar nicht. Der alte Hans Gerling hat auch Fehler gemacht, aber da gab es noch eine unternehmerische Linie. Die fehlt heutzutage sehr häufig.

Sie haben die »Fusionitis« bei den Banken kritisiert. Aber sind nicht selbst die Großbanken zu klein, um international mitzuspielen?

Normalerweise ergibt eins plus eins zwei. Doch wenn Sie zwei Unternehmen fusionieren, kommt bestenfalls eins Komma fünf dabei heraus. Das ist eine Erfahrung aus der Versicherungswirtschaft. Das hat man auch bei der nicht geglückten Übernahme der Dresdner Bank durch die Allianz gesehen. Natürlich gibt es den Fall, dass wirtschaftliche Gründe zum Zusammenschluss zwingen. Aber das Aufeinandertreffen von zwei verschiedenen Unternehmenskulturen, das ist immer äußerst riskant.

Es gibt mehr Bankstellen als Tankstellen in Deutschland. Wird das Filialsterben weitergehen?

Ja, und das ist eine für unser Unternehmen ganz besonders positive Entwicklung.

Wie schätzen Sie die Fusionswelle in der Versicherungswirtschaft ein, ist sie beendet?

Sie stößt auf Hemmnisse. Die Versicherungsvereine auf Gegenseitigkeit haben nicht die Rechtsform einer Aktiengesellschaft. Beides zusammenzufügen ist schwierig. Aber es wird nötig werden, denn der Zug zur großen Einheit ist unaufhaltsam.

Wie viel Marktanteil haben die Großen?

Die zehn größten Unternehmen kommen auf ungefähr 70 Prozent.

Wird es unter den Großen der Branche noch Zusammenschlüsse geben?

Das glaube ich nicht. Aber die zehn größten werden kleinere Unternehmen schlucken. Darunter sind jedoch Marktteilnehmer, die eigentlich niemand haben will. Aber manche dieser kleinen Gesellschaften werden übernommen werden müssen, weil sie allein nicht mehr am Markt bestehen können.

Wenn Sie eine eigene Lebensversicherung gegründet hätten, statt ausschließlich fremde Produkte zu vertreiben, wo wären Sie heute?

Beim Neugeschäft in der Lebensversicherung auf Platz 3 und damit vor über 100 weiteren in Deutschland tätigen Gesellschaften. Und das, obwohl ich das Unternehmen erst vor 30 Jahren gegründet habe und alle großen Lebensversicherer seit mehr als 100 Jahren bestehen. Aber wir bieten ja nicht nur Lebensversicherungen an, sondern auch alle anderen Versicherungen, Bausparverträge sowie Bank- und Investmentprodukte. Und das ebenfalls mit allergrößtem Erfolg.

Sie sind der Ansicht, wenn sich Manager besser um die Mitarbeiter kümmerten, bräuchte man keine Gewerkschaften. In den siebziger Jahren gab es die Angst vor übermächtigen Gewerkschaften, vor dem Gewerkschaftsstaat. Wie stark sind die Gewerkschaften heute?

Die Gewerkschaften sind nur noch ein Schatten ihrer ehemaligen Macht. Man sieht es ja an den Fusionen, zuerst die Gewerkschaften Chemie und Bergbau, dann der große Zusammenschluss der ÖTV und vieler kleinerer Gewerkschaften zur Dienstleistungsgewerkschaft Verdi. Das waren Reaktionen auf den Machtverlust.

Also war die Angst vor dem Gewerkschaftsstaat unbegründet?

Aus heutiger Sicht, ja.

Brauchen wir noch Gewerkschaften?

Ich finde Betriebsräte sinnvoller. Gewerkschaften wollen ihren Mitgliedern Gutes tun …

… was ja löblich ist.

Dasselbe will ein Betriebsrat. Aber da gibt es einen wesentlichen Unterschied: Der Betriebsratsvorsitzende kennt den Betrieb genau. In einem mitbestimmten Unternehmen sitzen aber auch externe Gewerkschaftsführer auf der Arbeitnehmerbank. Früher gab es sogar Gewerkschaftsvertreter, die in konkurrierenden Unternehmen mitbestimmten.

Das gab es auf der Kapitalseite auch …

… das macht es nicht besser. Wer in einem Unternehmen etwas verändern will, braucht Betriebsräte, die durch ihr eigenes Interesse am Betrieb zu vernünftigen Regelungen beitragen.

Würden Sie auch die Entlohnung auf Betriebsebene aushandeln?

Uneingeschränkt. Natürlich kann auch ein Betriebsrat, der seine Leute gut im Griff hat, ein Unternehmen an die Wand streiken. Überall können falsche Leute Unheil stiften.

Das jetzige System verhindert, dass die Belegschaft ein einzelnes Unternehmen kaputt streikt. Die tarifvertragliche Bindung behindert die Aktionsmöglichkeiten des Betriebsrats positiv wie negativ.

So, wie ein Manager heute in erster Linie auf den Börsenkurs starrt, achtet ein Gewerkschaftsfunktionär vor allem darauf, wie er Vorteile für seine Mitglieder herausholt. Das ist nicht unbedingt identisch mit den Interessen der Belegschaft.

Stellen Sie sich vor, Sie wären Finanz- und Sozialminister und könnten alles so ändern, wie Sie es gern hätten. Was würden Sie tun?

Alle bürokratischen Hemmnisse und alles, was einen zu hohen Beratungsaufwand erfordert, würde ich beseitigen. Die einfachsten Dinge haben den größten Erfolg. Wenn es bei der Altersvorsorge um Millionen Menschen geht, muss ich die Regelungen darauf ausrichten, dass sie von allen verstanden werden.

Würden Sie die gesetzliche Rentenversicherung auf Kapitaldeckung umstellen?

Natürlich. Wir brauchen in der Rentenversicherung wieder Vertrauen. Wer aber einigermaßen mitdenkt, weiß, dass das Umlageverfahren bei Geburtenrückgang und hoher Arbeitslosigkeit nicht mehr trägt.

Nun gibt es ja den Vorschlag, die freiwillige Riester-Versicherung zur Pflicht zu machen. Dann müsste jeder Arbeitnehmer zusätzlich zu seinem Beitrag zur gesetzlichen Rentenversicherung noch 4 Prozent vom Bruttolohn in eine private Rentenversicherung einzahlen. Da entstünde doch ein riesiger Markt. Lacht Ihnen da nicht das Herz, wenn Sie an das riesige Potenzial neuer Kunden denken?

Nein, überhaupt nicht.

Aber warum denn nicht?

Weil »Riester« als Pflicht-Versicherung letztlich den Tod für die Idee der privaten Vorsorge bedeutete.

Offen gesagt: Das verstehe ich nicht ganz.

Erinnern Sie sich doch, warum die Riester-Rente eingeführt wurde: Um den Arbeitnehmern einen Anreiz zu bieten, die 2001 beschlossenen Rentenkürzungen wenigstens zum Teil durch private Vorsorge auszugleichen. Würde »Riester« nun zur Pflicht, hätten die Menschen das Gefühl, mit der Rente wäre wieder alles in Ordnung. Aber selbst wer den Riester-Rahmen vollständig ausschöpft, wird als Rentner niemals wieder auf die berühmten 70 Prozent des letzten Lohns kommen. Genau genommen wäre der gesetzliche Zwang zum Abschluss einer Riester-Versicherung die zweite Rentenlüge. Nach dem falschen Versprechen von Norbert Blüm »Die Rente ist sicher« führte »Zwangs-Riester« zu der falschen Vorstellung, wir haben das Rentenniveau gesichert. Die Bürger würden das nur allzu gerne glauben und privat nicht mehr vorsorgen. Dann käme mit 65 oder 67 Jahren das böse Erwachen. Deshalb formuliere ich es ganz bewusst so hart: »Zwangs-Riester« wäre die zweite Rentenlüge.

Und wie würden Sie es bei der Krankenversicherung machen? Versicherungspflicht und freie Wahl der Gesellschaften?

Da bin ich noch nicht zu einer abschließenden Beurteilung gekommen. Einerseits kommt der Krankenversicherung eine bedeutsame Stellung zu, andererseits nimmt die Sorge vor Krankheit allgemein ab. Die Menschen werden immer älter, die Medikamente immer besser. Viele Menschen ziehen die gesetzliche Krankenversicherung der privaten vor. Diejenigen schließen dann halt eine Zusatzversicherung ab, weil sie lieber im Zwei-Bett-Zimmer als im Fünf-Bett-Zimmer liegen.

Was würde ein Finanz- und Sozialminister Pohl bei der steuerlichen Behandlung von Vorsorgeaufwendungen ändern?

Ich würde eher »sichtbare« Vorteile mittels direkter Zuschüsse schaffen und auf Steuerermäßigungen verzichten. Wie seinerzeit beim 624-Mark-Gesetz.

Die Notwendigkeit von Reformen in diesem Land ist unbestritten. Wie schätzen Sie die Chancen der Großen Koalition ein, das Notwendige zu tun?

Die Koalition von CDU und SPD hat wenigstens den Vorteil, dass sie auch im Bundesrat über eine Mehrheit verfügt. Immerhin werden auch schon fünf von 16 Bundesländern von Schwarz-Rot oder Rot-Schwarz regiert. Die Regierung Merkel/Müntefering muss also nicht befürchten, von den Ländern ausgebremst zu werden. Aber meine Hoffnungen sind nicht allzu groß, weil CDU/CSU und SPD in vielen Fragen doch sehr weit auseinander sind. Ich fürchte deshalb, dass die sich sehr oft auf den kleinsten gemeinsamen Nenner einigen werden.

Gehen Sie davon aus, dass die SPD der große Bremser sein wird?

Nein, nicht nur die SPD! Ich habe vielmehr den Eindruck, dass auch der linke Flügel von CDU/CSU plötzlich wieder Morgenluft schnuppert. Das macht das Leben für Angela Merkel nicht gerade leicht.

»Denk ich an Deutschland in der Nacht ...«, heißt es bei Heinrich Heine. Wenn Sie an Deutschland denken, sind Sie letztlich Optimist oder Pessimist?

Aus dem Bauch heraus würde ich, angesichts vielfältiger negativer Entwicklungen in unserem Lande, sagen: Bei den Menschen überwiegt der Pessimismus.

Und bei Ihnen persönlich?

Ich bin ein realistischer Optimist. Ich sehe viele Defizite. Aber bei uns wird auch vieles schlecht geredet. Es gibt zu viel Resignation. Ich vermisse eine Aufbruchstimmung, in der Politik wie in der Wirtschaft. Entscheidend ist doch: Wir Deutsche können es packen – wenn wir das wirklich wollen.

Im Grunde bin ich ein praktischer und pragmatischer Mensch. Bei Schwierigkeiten habe ich immer zugleich auch neue Chancen gesehen. Ein zur Hälfte gefülltes Glas, das ist für mich nie halb leer, sondern immer halb voll – das ist voller Möglichkeiten. So denken auch meine Familie und meine besten Mitarbeiter. Wir haben zusammen nur so viel erreichen können, weil wir niemals resigniert oder gar aufgegeben haben.

Da fällt mir ein schönes chinesisches Sprichwort ein: »Hebt man den Blick, dann sieht man keine Grenzen.« Deshalb bin ich zuversichtlich – für unser Land wie für die Deutsche Vermögensberatung AG.

8
Lebenslauf

Dr. jur. Dr. hc. mult. Reinfried Pohl

26. April 1928
Geboren in Zwickau im Sudetenland (Nordböhmen) als dritter Sohn der Eheleute Gerhard und Maria Pohl aus Zwickau.

Februar 1944 bis Januar 1945
Kriegsdienst als Luftwaffenhelfer in Prag.

Januar 1945 bis Kriegsende
Wehrdienst als Panzergrenadier an der Ostfront.

10. Mai 1945
Rückkehr nach Zwickau.
Der Vater wird verhaftet und nach Bautzen gebracht.

Juni 1945
Vertreibung zusammen mit der Mutter aus dem Sudetenland nach Halle an der Saale in der damaligen sowjetisch besetzten Zone (SBZ).

September 1945
Mitbegründer der Liberal-Demokratischen Partei (LDP) in der SBZ.

Februar 1946
Der Vater stirbt im Zuchthaus Bautzen, die Familie wird jedoch nicht benachrichtigt.

8. März 1947
Abitur in Halle an der Saale.

April 1947 bis August 1948
Nach Verweigerung eines Studienplatzes an der Universität Halle aus politischen Gründen wird Reinfried Pohl hauptamtlicher Landesjugendsekretär der Liberal-Demokratischen Partei (LDP) in Sachsen-Anhalt.

August 1948
Flucht aus der SBZ, um einer drohenden Verhaftung zu entkommen.
Neuer Wohnort: Marburg an der Lahn.

Oktober 1948 bis 1953
Studium der Rechtswissenschaften an der Universität Marburg; Finanzierung des Studiums durch Arbeit als Werkstudent.
Mitbegründer des Liberalen Hochschulbundes in der Bundesrepublik.

März 1953
Erstes juristisches Staatsexamen.

Dezember 1953
Promotion zum Dr. jur. Thema der Doktorarbeit: »Die Sozialisierung in Hessen. Die Artikel 39 bis 41 der Verfassung des Landes Hessen vom 11. Dezember 1946«.

1954 bis 1956
Studium der Volkswirtschaftslehre und zugleich juristisches Referendariat (nicht beendet).

1954
Erstmalige Wahl zum Stadtverordneten in Marburg auf der Liste der FDP.

August 1956
Aufnahme der Außendienst-Tätigkeit für den GERLING-KONZERN in Gießen.

21. Juni 1958
Hochzeit mit Anneliese Klingelhöfer.

1958 bis 1962
Stellvertretender Stadtverordnetenvorsteher in Marburg.

November 1959
Geburt des Sohnes Reinfried.

Juli 1964
Geburt des Sohnes Andreas.

1967
Beendigung der Tätigkeit für den Gerling-Konzern und Beginn einer engen Zusammenarbeit mit den Versicherungsgesellschaften DEUTSCHER HEROLD, Geschäftsführer der IOS Versicherungs-Vermittlungs GmbH, stellvertretender Verwaltungsratsvorsitzender der IOS Deutschland.

Februar 1969

Prägung und Einführung des Begriffs ALLFINANZ im Zusammenhang mit der Entwicklung einer neuen Konzeption zum Direktvertrieb von Finanzdienstleistungen (u.a. Versicherungen, Bausparverträge, Fondssparpläne, Baufinanzierungen).

In einer Fachzeitschrift veröffentlicht Reinfried Pohl zum ersten Mal den Begriff ALLFINANZ. Zugleich wagt er eine Vorhersage, die sich zur Überraschung der Finanzbranche im Laufe der Zeit bewahrheiten sollte: »Nur eine umfassende, sozusagen ›konzertierte‹ Beratung kann den Interessen des Kunden ganz gerecht werden. Nur sie wird in Zukunft erfolgreich sein.«

Von da an setzt sich der Begriff ALLFINANZ allmählich in der Finanzwelt durch, erst in Deutschland, dann weltweit.

September 1969

Beendigung der Zusammenarbeit mit der IOS.

Austritt aus der FDP.

Januar 1970

Prägung und Einführung des Begriffs VERMÖGENSBERATER.

Juli 1970

Beginn des Aufbaus der BONNFINANZ AG in Bonn zur ersten deutschen Vermögensberatungsgesellschaft.

Berufung zum Generalbevollmächtigten der Versicherungsgesellschaften des DEUTSCHEN HEROLD.

Eintritt in die CDU.

Mai 1973
Gründung des Berufsverbandes BUNDESVERBAND DEUTSCHER VERMÖGENSBERATER, seither Präsident dieses Verbandes.

Februar 1975
Beendigung der Tätigkeit als Vorstand der BONNFINANZ und als Generalbevollmächtigter für den DEUTSCHEN HEROLD.

Juni 1975
Erwerb der KOMPASS – Gesellschaft für Vermögensanlagen mbH.

Juli 1975
Beginn der Zusammenarbeit mit der AACHEN-MÜNCHENER-VERSICHERUNGSGRUPPE.

März 1976
Gründung der ALLGEMEINE VERMÖGENSBERATUNG AKTIENGESELLSCHAFT in Frankfurt.
Von 1980 an ist Reinfried Pohl Alleinvorstand.

Juni 1983
Umbenennung des Unternehmens in DEUTSCHE VERMÖGENSBERATUNG AKTIENGESELLSCHAFT (DVAG).

April 1988
Verleihung des Bundesverdienstkreuzes des Verdienstordens der Bundesrepublik Deutschland, überreicht durch den hessischen Ministerpräsidenten Dr. Walter Wallmann.

April 1993
Verleihung des Bundesverdienstkreuzes 1. Klasse, überreicht durch Bundeskanzler Dr. Helmut Kohl.

September 1996
Verleihung des Komturkreuzes des österreichischen Burgenlandes, überreicht durch den Landeshauptmann (Ministerpräsidenten) Karl Stix.

Oktober 1997
Gründung der Dr.-Reinfried-Pohl-Stiftung in Marburg. Stiftungszweck ist die Förderung der Philipps-Universität Marburg.

Oktober 1998
Verleihung des Großen Verdienstkreuzes des Verdienstordens der Bundesrepublik Deutschland, überreicht durch Bundeskanzler Dr. Helmut Kohl.
Ernennung zum Ehrensenator der Philipps-Universität Marburg.

Dezember 1998
Verleihung des Gra-Cruz da Ordem do Mérito Agricola e Industrial, des Großkreuzes des Verdienstordens der Republik Portugal, überreicht durch den Präsidenten der Republik Portugal, Dr. Jorge Sampaio.

Dezember 2001
Beginn der Zusammenarbeit mit der DEUTSCHEN BANK AG. Die Deutsche Vermögensberatung übernimmt die Funktion des mobilen Vertriebs der Bank.

Juni 2002
Verleihung des Großen Goldenen Ehrenzeichens für die Verdienste um die Republik Österreich, Kommandeurkreuz 1. Klasse, überreicht durch den österreichischen Bundeskanzler Dr. Wolfgang Schüssel.

Januar 2003
Umbenennung der KOMPASS in DEUTSCHE VERMÖGENSBERATUNG HOLDING GmbH. Zugleich nimmt die Holding ihre operative Tätigkeit auf. Reinfried Pohl gibt die Funktion des Alleinvorstandes der DVAG auf und übernimmt den Vorsitz des neu gebildeten Vorstandes der AG.

Juni 2003
Verleihung der Ehrendoktorwürde des Fachbereichs Rechtswissenschaften der Philipps-Universität Marburg.

November 2003
Verleihung der Ehrendoktorwürde der Lucian-Blaga-Universität in Sibiu-Hermannstadt (Rumänien).

Dezember 2003
Verleihung der Ehrendoktorwürde des Fachbereichs Medizin der Philipps-Universität Marburg.

Juli 2006
Die Stadtverordnetenversammlung der Stadt Marburg beschließt, Dr. Pohl die Ehrenbürgerwürde zu verleihen.

Gegenwärtige berufliche Funktionen

- Deutsche Vermögensberatung Holding GmbH, Marburg: Vorsitzender der Geschäftsführung
- Deutsche Vermögensberatung Aktiengesellschaft DVAG, Frankfurt am Main: Vorsitzender des Vorstandes

- Deutsche Vermögensberatung Aktiengesellschaft, Wien: Vorsitzender des Vorstandes
- »Der Vermögensberater« Verlags- und Servicegesellschaft mbH, Frankfurt: Vorsitzender der Geschäftsführung
- TURISVILAS-INVESTIMENTOS S.A., Lissabon: Vorsitzender des Vorstandes
- Alisol-Investimentos Imobiliarios Turisticos, S.A., Alporchinhos/Portugal: Vorsitzender des Vorstandes
- Bundesverband Deutscher Vermögensberater e.V., Marburg: Vorsitzender des Vorstandes
- Assicurazioni Generali S.p.A., Triest/Italien: Mitglied des Verwaltungsrates
- AMB Generali Holding AG, Aachen: Mitglied des Aufsichtsrates
- AachenMünchener Lebensversicherung AG, Aachen: Mitglied des Aufsichtsrates
- DWS Investment GmbH, Frankfurt: Mitglied des Aufsichtsrates
- ATLAS Dienstleistungen für Vermögensberatung GmbH, Frankfurt: Stellvertretender Vorsitzender des Aufsichtsrates
- ALLFINANZ Aktiengesellschaft für Finanzdienstleistungen, Frankfurt: Vorsitzender des Aufsichtsrates
- Deutsche Akademie für Vermögensberatung, Marburg: Vorsitzender des Vorstandes
- Deutsches Berufsbildungswerk Vermögensberatung (DBBV), Marburg: Vorsitzender des Vorstandes
- Unterstützungskasse der Deutschen Vermögensberatung AG, Frankfurt: Vorsitzender des Vorstandes
- Pannonia Grundstücksverwaltungsgesellschaft mbH, Pamhagen/Österreich: Vorsitzender der Geschäftsführung

9
Die Deutsche Vermögensberatung AG

Meilensteine auf dem Weg zur Nummer 1

1975
Beginn des Unternehmensaufbaus mit etwa 35 Vermögensberatern und 2 Mitarbeitern im Innendienst unter dem Namen »KOMPASS – Gesellschaft für Vermögensanlagen mbH« in Frankfurt. Enge Zusammenarbeit mit der Aachen-Münchener-Versicherungsgruppe.

1976
Gründung der ALLGEMEINE VERMÖGENSBERATUNG AKTIENGESELLSCHAFT.
Anmietung eines Stockwerks in einem Bürohaus in der Münchener Straße 1 in Frankfurt am Main als Firmensitz.

1977
Über 800 Vermögensberater vermitteln eine Vertragssumme von 690 Millionen DM (Lebensversicherung, Bausparen, Investmentfonds); sie werden von 5 Mitarbeitern in der Zentrale unterstützt.

1978
Im Neugeschäft wird erstmals die Vertragssumme von 1 Milliarde DM deutlich überschritten, vermittelt von 1050 Vermögensberatern.
Die Unterstützungskasse des Unternehmens nimmt ihre Arbeit auf.

1980
Das Neugeschäft steigt auf 1,8 Milliarden DM und die Zahl der Kunden auf über 100000.

1983
Umbenennung des Unternehmens in DEUTSCHE VERMÖGENSBERATUNG AKTIENGESELLSCHAFT (DVAG).

1985
2500 Vermögensberater erreichen im Neugeschäft eine Vertragssumme von 2,8 Milliarden DM.
Gründung der Deutschen Akademie für Vermögensberatung e. V.

1988
Rund 4300 Vermögensberater vermitteln neue Verträge mit einem Volumen von 6,4 Milliarden DM.
Das Grundkapital wird auf 10 Millionen DM erhöht.

1989
Die Gesellschaft erwirbt ihren Firmensitz, das Haus Münchener Straße 1 in Frankfurt am Main.

1991
Über 11000 Vermögensberater betreuen 1,5 Millionen Kunden und erreichen ein Vertragsvolumen im Neugeschäft von fast 20 Milliarden DM.
Erstmalige Vermittlung von 1 Million Verträgen im Jahr für die Partnergesellschaften.

1993
In Wien wird die Allgemeine Vermögensberatung, eine hundertprozentige Tochter der Deutschen Vermögensberatung AG, gegründet.
Die Zahl der Kunden steigt auf 2 Millionen.

1995
Die Deutsche Vermögensberatung wird erstmals Marktführer bei Fondsgebundenen Lebensversicherungen.

1997
Die Vertragssumme der bisher vermittelten Versicherungen (Bestandsvolumen) übersteigt 100 Milliarden DM.
Das Grundkapital wird auf 100 Millionen DM erhöht.

1998
Die Umsatzerlöse überschreiten 1 Milliarde DM; 17300 Vermögensberater steigern das Neugeschäft auf eine Vertragssumme von fast 30 Milliarden DM.

1999
Die Deutsche Vermögensberatung ist weltweit der größte eigenständige Finanzvertrieb. 21000 Vermögensberater betreuen 3 Millionen Kunden.

2001
Beginn der Zusammenarbeit mit der DEUTSCHE BANK AG. Die Deutsche Vermögensberatung AG übernimmt die Funktion des mobilen Vertriebs der Bank.

2002
Bei der Einführung des Euro wird das Grundkapital auf 120 Millionen Euro erhöht.

2003
Die Zahl der Vermögensberater steigt auf über 30000, die der Kunden auf 3,5 Millionen.
Das Eigenkapital beträgt 272 Millionen Euro, die Eigenkapitalquote 47 Prozent.
Das Ergebnis aus gewöhnlicher Geschäftstätigkeit beläuft sich

auf 117,1 Millionen Euro, der Jahresüberschuss auf 71,3 Millionen Euro.
Damit erzielt die Deutsche Vermögensberatung AG einen höheren Gewinn als 6 der im DAX notierten Konzerne. Zugleich weist die DVAG einen höheren Gewinn aus als 28 der 50 Unternehmen im M-DAX.

2004
Das bisher beste Jahr in der 29-jährigen Geschichte des Unternehmens. Es ist allerdings beeinflusst durch den »Schlußverkauf« bei der Kapitallebensversicherung im Hinblick auf die steuerlichen Veränderungen, die 2005 in Kraft treten.
32400 haupt- und nebenberufliche Vermögensberater erzielen in der Bundesrepublik ein Umsatzvolumen von nahezu 915 Millionen Euro. Das entspricht einer Steigerung um knapp 34 Prozent und ist höher als das Gesamtvolumen aller anderen in Deutschland tätigen eigenständigen Finanzvertriebe. Die Zahl der Kunden beträgt 3,8 Millionen.
Das Betriebsergebnis steigt um fast 37 Prozent auf über 160 Millionen Euro, und der Jahresüberschuss verbessert sich um knapp 24 Prozent auf über 88 Millionen Euro.

2005
Ein außergewöhnlich erfolgreiches Jahr, obwohl Umsatz und Ergebnis durch den zu erwartenden Rückgang bei der Kapitallebensversicherung beeinflusst werden. Doch zeigt sich im Jahr des 30-jährigen Firmenjubiläums, dass das Allfinanz-Konzept von Dr. Reinfried Pohl zur »benchmark«, zum Maßstab der Finanzbranche, geworden ist:
- Die von der DVAG vor 30 Jahren eingeführte Vermögensanalyse ist zum Allgemeingut geworden.
- Sparkassen und Banken setzen inzwischen verstärkt darauf, ihre Kunden zu Hause zu beraten.

- Die Außendienstmitarbeiter der Geldinstitute nennen sich nach dem Vorbild der DVAG inzwischen ebenfalls »Vermögensberater«.
- MLP beschränkt sich nach dem Beispiel der DVAG auf den Vertrieb und verzichtet auf das Angebot eigener Produkte.
- Die Erfolge der DVAG beim Vertrieb der Riester-Rente veranlassen die Wettbewerber, dieses Produkt vermehrt anzubieten.
- Die Deutsche Vermögensberatung AG übertrifft beim Umsatz, der Zahl der Kunden und der Vermögensberater die Gesamtvolumina der anderen in Deutschland tätigen eigenständigen Finanzvertriebe.

Mit 833 Millionen Euro Umsatz erreicht die DVAG ihr zweitbestes Ergebnis. Das bedeutet – wegen der erwähnten Sondereinflüsse – im Vergleich zum Vorjahr einen Rückgang um 11,6 Prozent. Zum Vergleich: Die Branche musste 2005 einen Rückgang um 23 Prozent hinnehmen.

Betriebsergebnis und Jahresüberschuss gehen auf 147 Millionen Euro (–9 Prozent) bzw. 86 Millionen Euro (–4 Prozent) zurück, liegen aber über den Werten von 2003. Mit diesem Jahresüberschuss lässt die DVAG 28 im M-DAX notierte Gesellschaften hinter sich. Die Zahl der Kunden steigt auf mehr als 3,9 Millionen, die der Vermögensberater auf 32700.

Die Deutsche Vermögensberatung behauptet ihre langjährige Position als Marktführer bei Fondsgebundenen Lebensversicherungen. Bei den Lebensversicherungen bucht die DVAG 2,5 Milliarden Euro an Beiträgen.

Wäre die DVAG eine selbständige Lebensversicherungsgesellschaft, nähme sie beim Neugeschäft den dritten, beim Bestand den fünften Rang unter 108 Lebensversicherungs-Unternehmen ein. Bei den Neuabschlüssen für die staatlich geförderte Altersvorsorge (Riester-Rente) erreicht die DVAG Platz 2.

Register

Bildquellen

Bundespresseamt
Seite 16, oben und unten

Wolfgang von Brauchitsch:
Seite 24

Oskar da Riz:
Seite 22 und 23

Carsten Herwig:
Seite 17 unten
Seite 18 unten
Seite 19 unten
Seite 20 oben
Seite 21

Martin Joppen:
Seite 17, oberes großes Bild

Fritz-Walter-Archiv:
Seite 20 unten

Alle übrigen Abbildungen stammen aus dem Privatarchiv von Familie Pohl beziehungsweise aus dem Bildarchiv der Deutschen Vermögensberatung AG.